张居正通俗讲读本

《大学·中庸》

图文彩绘版

张居正

- 编著 -

北京联合出版公司
Beijing United Publishing Co.,Ltd.

图书在版编目（CIP）数据

《大学·中庸》：张居正通俗讲读本 /（明）张居

正编著 . -- 北京：北京联合出版公司，2024. 9.

ISBN 978-7-5596-7859-1

Ⅰ . B222.1-49

中国国家版本馆 CIP 数据核字第 2024QV8887 号

《大学·中庸》：张居正通俗讲读本

作　　者：张居正

出 品 人：赵红仕

特约策划：慧新时间

责任编辑：肖　桓

特约编辑：贾　亮　刘新贤

封面设计：今亮后声

北京联合出版公司出版

（北京市西城区德外大街 83 号楼 9 层 100088）

北京联合天畅文化传播公司发行

北京美图印务有限公司印刷　新华书店经销

字数 268 千字　710 毫米 ×1000 毫米　1/16　15.5 印张

2024 年 9 月第 1 版　2024 年 9 月第 1 次印刷

ISBN 978-7-5596-7859-1

定价：88.00 元

明·仇英《帝王道统万年图·伏羲》：圣人继天，卦统方圆。仰观俯察，三极无偏。

明·仇英《帝王道统万年图·神农》：五谷初蓺，百草初尝。长养仁寿，俾炽而昌。

明·仇英《帝王道统万年图·黄帝》：玄黄正位，衣裳效之。文明朴野，神化施为。

明·仇英《帝王道统万年图·尧帝》：巍巍惟则，安安放勋。人时敬授，如日如云。

明·仇英《帝王道统万年图·舜帝》：任贤敷德，夷夏同风。敬哉精一，允执厥中。

明·仇英《帝王道统万年图·大禹》：玄圭诰锡，声教旁行。八年于外，永赖平成。

明·仇英《帝王道统万年图·后稷》：教以播种，民免阻饥。周郊克配，大报农师。

明·仇英《帝王道统万年图·夏启》：天心与子，夏道钦成。诸侯朝贡，翊我明明。

明·仇英《帝王道统万年图·商汤》：制之礼仪，彰以宽仁。推恩禽兽，率土称臣。

明·仇英《帝王道统万年图·商高宗武丁》：帝谓高宗，逊敏于躬。梦赉良弼，四海时风。

凡例

一、《明史》记载："凡亲王出阁读书，内阁官提调检讨等官讲读，拟定经书起止，所习仿字，每日送看。"明隆庆六年（1572），皇太子朱翊钧即位，年仅十岁，也是出阁读书的年龄，身为太傅的大学士张居正与翰林院讲官开始为朱翊钧讲解《四书》《五经》等。明代皇子读书有两种形式：一是日讲，二是经筵。张居正和翰林院为了小皇帝能听明白所讲，采用了当时明代的白话，深入浅出，通俗易懂，且结合了历代典故和政治伦理，并撰写成讲章放在皇帝前面的御案之上，以便皇帝省览，如此便成了这一系列直解读本。

二、本书以明天启元年《重刻辩真内府原版张阁老四书直解》为底本，逐一点校，更正市场上流传版本错讹，并且为了让读者阅读无障碍，在原文的基础上，对生僻难解的字词详加注释，与原文相得益彰。

三、本书所采用的《帝王道统万年图》，为明代画家仇英所绘二十位中国历代明君的画像和事迹，有些画与所展示的历史时期场景及人物着装、发饰等细节存在一些出入，但因其但它们能传神地反映历史人物，并且本身也是中华文化的一部分，因此我们并未作大的修改，基本保留了原貌。

四、本书的篇章标题书法字均出自《澄衷蒙学堂字课图说》，非字库字体。《大学》篇末附录的是元代书画家赵孟　所书写的《大学》全文书法，《中庸》篇末则是明代书法家姜立纲书写的《中庸》全文书法，既可鉴赏，也可诵读。书中对疑难字作了补充注释，有助于读者排除阅读障碍；生僻字的注音主要依据《汉语大字典》（崇文书局、四川辞书出版社，1999年袖珍本第二版），个别字注音和繁简字使用与通行本有分歧者，以《汉语大字典》为准。

五、本书有阙漏、讹误者，尚祈方家惠予指正，并俟来日补苴罅漏。

推荐序

　　孔子兴学以养成士君子，士君子有治国平天下之志，经数百年尝试，汉武帝立五经博士，兴办学校，建立察举制，士君子进入政府的渠道得以制度化，形成"士大夫群体"，形成士大夫与皇权共治天下的政治格局。张居正正是士大夫，活动于如许政治格局中，且为两千年最为成功者。

　　张居正生而颖敏绝伦，读书如有神助，十五岁为诸生，二十二岁高中进士。

　　张居正少年得志，仕途顺利，入仕之后仅历二十年即入内阁为次辅，相当于今日副总理，年仅四十二岁。

　　因为学问卓越，张居正两为帝王之师：先于嘉靖时在裕王府中为侍读，裕王继位为隆庆帝，又受命为太子少傅、太师；隆庆帝崩，万历帝年幼，张居正仍担负教导之职，养其为天子。

　　张居正连续执掌两朝之大政，先于隆庆帝时为次辅；万历初年，更以帝师身份担任首辅，独揽大权，乃有机会全面实施自己的治国纲领：行"一条鞭法"，整顿财税；整饬武备，任用名将李成梁、戚继光等，安定边塞；严考绩之法，整肃吏治。已经衰败的大明政治，于此竟然焕发出一些活力。而张居正改革之全面与力度之大，于宋、元、明、清四代中，唯王安石可比拟之。

　　所谓士大夫者，"学而优则仕"，仕而优则学；故张居正毕生为政，而不妨其勤学，惟其宗旨，则在治世，故其所谓者士大夫之学也，而非学士书斋之学，其大略可见于《张太岳文集》，其中对于政治之见识，远非一般书斋学者、亦非一般官僚所可比拟。

　　又，张居正教养天子，发展了帝王养成之学，此即本系列所收之诸经"直解"。自孔子删述六经，尤其是汉武帝立五经博士以来，历代为经书作传、注、疏者，层出不穷。然其书多出于学士，旨在养成平民子弟为士君子；张居正之"直解"则不然，系为教养天子而作，故以养成天子之德为宗旨。读其书，可见古帝王之学之风采。

今日已无皇帝矣，然德行本无分乎身份之尊卑，以庶人之身而可以成就天子之德，亦是今人之幸。

本书诸经直解，语虽寥寥，而其用心之勤苦已然深蕴于其中。张居正独特的诠释方式，非搜求于各家注疏、牙签满屋，而悟之于山川云物、鸢飞鱼跃于当下生命，而遇之于道阻水长。足见其独与天地精神相往来之独立人格的文字见证。

又，张居正接中国之文脉，正与其自身及其时代风格精神相接。因此，本书诸经解读，所呈现出来的基本面貌，无论其思想意趣、解释路向，极富历史气象。然因时代不同，阅读习惯有异，今人读来，或颇见扞格。为使之合于今人阅读，以领会其思想，在语言形式上予以"现代转换"，并配之以情景相合之图，实为必要之方便门。

随着本诸经直解的出版，则张居正将为更多人所熟知，其独特的经典解读，加之今人别具创意之配图，将在现代语境之下为读者带来新的生命启迪，而为今日涵养士君子之功，是则可跂而望者也。

蒲城姚中秋

庚子初秋

进讲章疏

万历元年十二月

臣张居正等谨题

臣等一岁之间，日侍皇上讲读，伏见圣修益懋，圣志弥坚，盛暑隆寒，缉熙罔间。臣等备员辅导，不胜庆幸，但惟义理必时习而后能悦，学问必温古而后知新。况今皇上睿明日开，若将平日讲过经书再加寻绎，则其融会悟入又必有出乎旧闻之外者。臣等谨将今岁所进讲章重复校阅，或有训解未莹者，增改数语；支蔓不切者，即行删正。编成《大学》一本、《虞书》一本、《通鉴》四本，装潢进呈。伏望皇上万岁有暇，时加温习，庶旧闻不至遗忘，新知日益开豁，其于圣功实为有补，以后仍容臣等接缉编辑，进呈御览。仍乞敕下司礼监镂板印行，用垂永久。虽章句浅近之言不足以仰窥圣学精微之奥，然行远升高或一助云尔。臣等不揣荒陋，谨具题，恭进以闻。

進講章疏

臣張居正等謹

題臣等一歲之間日侍

皇上講讀伏見

聖修益懋

聖志彌堅盛暑隆寒緝熙罔間

臣等備員輔導不勝慶幸

但惟義理必時習而後能

悅學問必溫故而後如新

況今

皇上春明日朗若將平日講過

進呈

御覽仍乞

勅下司禮監鑱板印行用垂永

久雖章句淺近之言不足

以仰窺

聖學精微之奧然行遠升高或

亦一助云爾 臣等不揣荒

陋謹具題恭

進以

聞

萬曆元秊十二月　日

值

天啓元秊冬月

經書再加參繹則其融會
悟入又有出乎舊聞之外
者　臣等謹將今歲所進講
章重復校閱或有訓解未
瑩者增改數語支蔓不切
者即行刪正編成大學一
本虞書一本通鑑四本裝

演

進呈伏望

皇上萬幾有暇

時加溫習庶舊聞不至遺忘
新知日益開豁其於

聖功實爲有補以後仍容臣等
接緝編輯

子程子曰：《大学》，孔氏之遗书，而初学入德之门也。于今可见古人为学次第者，独赖此篇之存，而《论》《孟》次之，学者必由是而学焉，则庶乎其不差矣。

这一本书是大人之学，都是说大人修己治人的大道理，故书名为《大学》。

大 学

經一章

大学之道，在明明德，在亲民，在止于至善。

解 这一章是孔子的经文，这一节是经文中的纲领。孔子说大人为学的道理有三件：一件"在明明德"。上"明"字，是用工夫去明他；明德，是人心虚灵不昧，以具众理而应万事的本体。但有生以后，为气禀所拘，物欲所蔽，则有时而昏，故必加学问之功，以充开气禀之拘，克去物欲之蔽，使心之本体依旧光明。譬如镜子昏了，磨得重明一般，这才是有本之学，所以"大学之道，在明明德"。一件"在亲民"。"亲"字，当作"新"字，是鼓舞作兴的意思；民，是天下的人，天下之人也都有这明德，但被习俗染坏了，我既自明其明德，又当推以及人，鼓舞作兴，使之革去旧染之污，亦有以明其明德。譬如衣服垢了，洗得重新一般，这才是有用之学。所以"大学之道……在新民"。一件"在止于至善"。止，是住到个处所不迁动的意思；至善，是事理当然之极。大人明己德、新民德，不可苟且便了，务使己德无一毫之不明，民德无一人之不新，到那极好的去处，方才住了。譬如赴家的一般，必要走到家里才住，这才是学之成处，所以"大学之道……在止于至善"。这三件在《大学》如网之有纲、衣之有领，乃学者之要务，而有天下之责者，尤所当究心也。

知止而后有定，定而后能静，静而后能安，安而后能虑，虑而后能得。

🔴 **解** 这一节是承上文说明德、新民所以得止至善之由。 止，就是"止于至善"的"止"字。 定，是志有定向。 人若能先晓得那所当止的去处，其志便有定向，无所疑惑，所以说"知止而后有定"。 静，是心不乱动。 所向既定，心里便自有个主张，不乱动了，所以说"定而后能静"。 安，是安稳的意思。 心里既不乱动，自然随处皆安，凡物都动摇他不得，所以说"静而后能安"。 虑，是处事精详。 心里既是安闲，则遇事之来，便能仔细思量，不忙不错，所以说"安而后能虑"。 得，是得其所止。 既能处事精详，则事事自然停当。 凡明德、新民，都得了所当止的至善，所以说"虑而后能得"。 夫由"知止"而后至于"能得"，可见欲止至善者，必当先知所止也。

物有本末，事有终始，知所先后，则近道矣。

🔴 **解** 这一节是结上面两节的意思。 物，指明德新民而言。 本，是根本。 末，是末梢。 明德了才可新民，便是明德为本，新民为末，恰似树有根梢一般。 事，指知止能得而言。 终，是临了。 始，是起头。 知止了，方才能得，便是知止为始，能得为终，如凡事都有个头尾一般。 这本与始是第一要紧的，该先做；末与终，是第二节功夫，该后面做。 人能晓得这先后的次序，顺着做去，则路分不差，自然可以明德、新民，可以知止能得，而于大学之道，为不远矣。

古之欲明明德于天下者，先治其国；欲治其国者，先齐其家；欲齐其家者，先修其身；欲修其身者，先正其心；欲正其心者，先诚其意；欲诚其意者，先致其知，致知在格物。

解 这一节是《大学》的条目功夫，其序如此。诚，是实。致，是推极。知，是识。格，是至。物，是事物。孔子说，明德、新民，固大人分内之事，而工夫条目，则有所当先。在昔古之人君，任治教之责，要使天下之人都有以明其明德者，必先施教化。治了一国的人，然后由近以及远，盖天下之本在国，故欲明明德于天下者，先治其国也。然要治一国的人，又必先整齐其家人，以为一国之观法，盖国之本在家，故"欲治其国者，先齐其家"也。然要齐一家的人，又必先修治己身，以为一家之观法，盖家之本在身，故"欲齐其家者，先修其身"也。身不易修，而心乃身之主宰，若要修身，又必先持守得心里端正，无一些偏邪，然后身之所行，能当于理，所以说"欲修其身者，先正其心"。心不易正，而意乃心之发动，若要心正，又必先实其意念之所发不少涉于欺妄，然后心之本体能得其正，所以说"欲正其心者，先诚其意"。至于心之明觉谓之知，若要诚实其意，又必先推极吾心之知见得道理无不明白，然后意之所发，或真或妄，不至错杂，所以说"欲诚其意者，先致其知"。理之散见寓于物，若要推极其知，在于穷究事物之理，直到那至极的去处，然后所知无有不尽，所以说"致知在格物"。这格物、致知、诚意、正心、修身，是"明明德"的条目；齐家、治国、明明德于天下，是"新民"的条目。人能知所先后而循序为功，则己德明、民德新，而止至善在其中矣。大学之道，岂有外于此哉？

物格而后知至，知至而后意诚，意诚而后心正，心正而后身修，身修而后家齐，家齐而后国治，国治而后天下平。

解 这一节是复说上文的意思。至是尽处人能于天下事物的道理，一一都穷究到极处，然后心里通明洞达无少亏蔽，而知于是乎可至。夫"物格而后知至"，可见致知在于格物也；知既到了至处，然后善恶、真妄见得分明，心上发出来的念虑，都是真实，无些虚假，而意于是乎可诚。夫"知至而后意诚"，可见欲诚其意者，当先致其知也；意诚，然后能去得私欲，还得天理，而虚灵之本体，可以端正而无偏。夫"意诚而后心正"，可见欲正其心者，当先诚其意也；正心，然后能检束其身，以就规矩，凡所举动，皆合道理，而后身无不修。夫"心正而后身修"，可见欲修其身者，当先正其心也；身修，然后能感化那一家的人，都遵我的约束，家可得而齐矣。夫"身修而后家齐"，可见欲齐其家者，当先修其身也；家齐，然后能感化那一国的人，都听我的教训，国可得而治矣。夫"家齐而后国治"，可见欲治其国者，当先齐其家也；国治，然后能感化那天下的人，都做良民善众，与国人一般，天下可得而平矣。夫"国治而后天下平"，可见欲明明德于天下者，当先治其国也。物格知至，是知所止了。意诚、心正、身修，是明德得其所止的事；家齐、国治、天下平，是新民得其所止的事。圣经反覆言之，一以见其次第不可紊乱，一以见其工夫不可缺略，此入《大学》者之所当知也。

自天子以至于庶人，壹是皆以修身为本。

解 壹是，解做一切。孔子说，大学的条目虽有八件，其实上自天子，下至庶人，尽天下的人，一切都要把修身做个根本。盖格物、致知、诚意、正心，都是修身的工夫；齐家、治国、平天下，都是从修身上推去。所以，人之尊卑虽有不同，都该以修身为本也。

其本乱而末治者否矣。其所厚者薄，而其所薄者厚，未之有也。

解 本，指身说。末，指家国天下说。否，是不然。身既为家国天下的根本，必修了身，才可以齐家、治国、平天下；若不能修身，是根本先乱了，却要使家齐、国治、天下平，就如那树根既枯了却要他枝叶茂盛，必无此理，所以说"否矣"。厚，指家人说；薄，指国与天下之人说。家国天下之人，虽都是当爱的，然家亲而国与天下疏，亲的在所厚，疏的在所薄，必厚其所厚，而后能及其所薄也。若不能齐家，是所厚的且先薄了，却要治国、平天下，将那所薄的反得加厚，必无此理，所以说"未之有也"。前一节，是就八条目中指出修身最为紧要；这一节，是明修身之所以为要，而因言齐家又为治国、平天下之要，皆所以结上文两节之意也。

右经一章。（盖孔子之言，而曾子述之。其传十章，则曾子之意，而门人记之也。旧本颇有错简，今因程子所定，而更考经文，别为序次如左。）

解 右，是指以前说；"经"字，解做"常"字。一章是一篇，这以前说的自"大学之道"至"未之有也"一篇，是孔子所作的，备言修己治人的道理，乃万世不可易者，所以谓之经文。

傳一章

《康诰》曰："克明德。"《太甲》曰："顾諟天之明命。"

解 这一章是曾子解释经文"明明德"的说话。《康诰》，是《周书》篇名。克，是能。 德，是人生所得之理。 武王作书告康叔说，人皆有德，但为气禀物欲所蔽，以致昏昧不明，惟文王能明之，无一毫之昏昧，所以为周之圣君。

《太甲》，是《商书》篇名。 顾，是常常的看着。"諟"字，解作"此"字。 明命，即是明德，以其为天所赋予之理，所以又叫做明命。 伊尹作书告太甲说，人皆有此明命，而心志放逸忽忘者多，惟成汤能心上时时存着，恰似眼中时常看着的一般，无一时之怠玩，所以为商之圣君。

《帝典》曰："克明峻德。"

解 《帝典》，即《书经》中《尧典》。 峻，是大。《尧典》中说，人皆有这大德，被私欲狭小了，惟尧能明之，至于光四表而格上下，所以为唐之圣君。

皆自明也。

解 自，是自己。 曾子解说，这三书所言，虽是不同，然曰"德"，曰"明命"，曰"峻德"，即是经文所谓"明德"也；曰"克明"，曰"顾諟"，又曰"克明"，即是经文所谓"明明德"也。 总来都是自明己德的意思，所以说

"皆自明也"。

右传之首章，释"明明德"。

🔴**解** 传，是训解其义，以传于世的意思。 首章，是头一章。"释"字，即是"解"字。 曾子将上面孔子的经文逐件解释其义，分为十章，这首章是解"明明德"，后九章仿此。

傳二章

汤之《盘铭》曰:"苟日新,日日新,又日新。"

解 这一章,是解释经文"新民"的说话。 盘,是沐浴的盆。铭,是刻在盆上以自警的言语。"苟"字,解做"诚"字。 昔商王成汤以人心本自清明,却被私欲污了,必须洗去那私欲,使其从新清明,就如人身本自干净,却被尘垢污了,必须洗去那尘垢,使其从新干净一般,乃刻铭于沐浴的盘上说道,为人君者,诚能一日之间,着实用力洗去那旧染之污,而复其本然之善,这工夫却不可间断了,必当因其已新者,而日日新之,又日新之,务使私欲净尽,心地极其清明,如沐浴的一般,洗得身子极其干净方可。 这是自新的事,曾子引此,以明新民之本。

《康诰》曰:"作新民。"

解 《康诰》,是《周书》篇名,武王告弟康叔的说话。 作,是振作也。《康诰》中说,百姓每[①]旧日虽为不善,而今若能从新为善,为人君者,就当设法去鼓舞振作他,使之欢喜踊跃,乐于为善。 曾子引此,以明新民之事。

《诗》曰："周虽旧邦，其命维新。"

（解）《诗》，是《大雅·文王》篇。邦，是国都。命，是天命。诗人说，周自后稷以来，千有余年，皆为诸侯之国，到文王能新其德以及于民，乃始受天命而有天下，是其邦虽旧，而其命则新也。曾子引此，以明自新新民之极。

是故君子无所不用其极。

（解）是故，是承上文说。君子，是大人成德之名。极，即是至善。曾子说，由上文《盘铭》《康诰》、文王之诗观之，可见自新新民，必要到那极处才好，所以"君子无所不用其极"，新自家的德与新民的德，都要到那至善的去处而后已也。这一章虽是释新民，然起头说"日新"便是明德的事，末后说"无所不用其极"便是止至善的事，而大学之道，备在是矣。

右传之二章，释"新民"。

傳三章

《诗》云："邦畿千里，惟民所止。"

解 这一章是释经文"止于至善"的说话。《诗》，是《商颂·玄鸟》篇。诗人说，王者所都的京畿地方，其广千里，百姓每都居止于此。曾子引此，以见凡物各有所当止之处也。

《诗》云："缗蛮黄鸟，止于丘隅。"子曰："于止，知其所止，可以人而不如鸟乎？"

解 《诗》，是《小雅·缗蛮》篇。缗蛮，是鸟声。丘隅，是山阜树多的所在。诗人说，那缗蛮的黄鸟，都栖止于山阜树多的所在。孔子读这两句诗，因有感而说，黄鸟是个微物，于其止也尚晓得所当止的好处，人为万物之灵，岂可反昧其所止而禽鸟之不如乎？夫鸟所当止的是林木，人所当止的是止善。孔子借鸟以警人，而曾子引之，以见人当知所止也。

《诗》云："穆穆文王，於缉熙敬止！"为人君，止于仁；为人臣，止于敬；为人子，止于孝；为人父，止于慈；与国人交，止于信。

解 上节既说人不可不知所止，这一节因说圣人能得所止。《诗》，是《大雅·

文王》篇。穆穆，是深远的意思。於（wū），是叹美辞。缉，是继续。熙，是光明。敬止，是无不敬而安所止。诗人说，穆穆深远的，文王其德则继续光明，无不敬而安所止。曾子引此诗而释之说，所谓文王之敬止者何如？如为君的道理在于仁，文王之为人君，所存的是仁心，所行的是仁政，尽所以为君之道，而无一毫之不仁，这是"止于仁"；为臣的道理在于敬，文王之为人臣，忠诚以立心，谨恪以奉职，尽所以为臣之道，而无一毫之不敬，这是"止于敬"；为子道理在于孝，文王之为人子，事奉他父母，常怀着爱慕的意念，于那为子的道理，竭尽而无所遗，这是"止于孝"；为父的道理在于慈，文王之为人父，教诲他儿子，都成了继述的好人，于那为父的道理，曲尽而无以加，这是"止于慈"；与人交的道理在于信，文王之与国人交，言语句句都是诚实，政事件件都有始终，尽得那交接的道理，而无一毫之不信，这是"止于信"。

文王之能得其止如此，诗人所谓敬止者也。夫文王之敬止，盖不止至此五件，而五者乃其大端，学者诚能体察于此，而推类以尽其余，则至善可得而止矣。

《诗》云："瞻彼淇澳，菉竹猗猗。有斐君子，如切如磋，如琢如磨。瑟兮僩兮，赫兮喧兮。有斐君子，终不可喧兮！""如切如磋"者，道学也。"如琢如磨"者，自修也。"瑟兮僩兮"者，恂栗也。"赫兮喧兮"者，威仪也。"有斐君子，终不可喧兮"者，道盛德至善，民之不能忘也。

解 《诗》，是《卫风·淇澳》之篇，盖卫人作之以美其君武公者

【注】
① 锡（lùtàng）锡：锡，磨骨角铜铁等使之光滑的工具；锡，古代磨木使平的石制器具。② 卫武公（约前852—前758）：卫和，姬姓卫氏，卫国第十一位国君，前812年—前758年在位。

也。淇，是水名。澳，是水边的湾曲处。猗猗，是美盛的模样。斐，有文采的模样。君子，就指武公。

诗人说，瞻望那淇水湾曲的去处，绿色之竹，猗猗然美盛，我斐然有文的君子，抑何其学问之精密，而德容之盛美乎？切磋，是治骨角的事，治骨角者，既用刀锯切了，又用镳锡[①]磋它，是已精而益求其精也。君子用功之精，与那治骨角的一般。琢磨，是治玉石的事，治玉石者，既用锥凿琢了，又用砂石磨它，是已密而益求其密也。君子用功之密，与那治玉石的般。既有这等的工夫，所以德之存于心者，便瑟然严密而不粗疏，倜（xiàn）然武毅而不怠弛；形于身者，便赫然宣著而不暗昧，喧然盛大而不局促。"喧"字，解作"忘"字。君子为学，既造到这等样去处，自能感人，而人皆爱慕，终自不能忘也，这是卫人美武公之诗如此。道，是言学，是讲习讨论之事。自修，是省察克治的工夫。恂栗，是战惧。威，是有威可畏。仪，是有仪可象。盛德，指理之得于身者说。至善，指理之极处。

曾子引诗而解释其义说道，所谓"如切如磋"者，是说卫武公[②]勤学的事，他将古人的书籍与古人的行事，既自家探讨，又与人辩论，务要穷究到极精透的去处，然后已便与那治骨角的，既切了又磋的一般，所以说"如切如磋"。所谓"如琢如磨"者，是说卫武公自修的事，他省察自己的身心，或性情偏与不偏，或意念正与不正，或行事善与不善，务要见得分明，治得干净，不肯有一些瑕玷，便与那治玉石的，既琢了又磨的一般，所以说"如琢如磨"。所谓"瑟兮倜兮"者，是说卫武公学既有得，自然敬心常存，战战兢兢，无一时懈惰，无一时苟且，这便见他严密武毅处，所以说"瑟兮倜兮"。所谓"赫兮喧兮"者，盖言卫武公有敬德在心，其见于外者，自然有威严，人都畏惧他有仪容，人都效法他，这便见他宣著盛大处，所以说"赫兮喧兮"。所谓"有斐君子，终不可喧兮"者，盖言卫武公尽学问自修之功，有恂栗威仪之验，由是德极全备而为盛德，善极精纯而为至善，所以百姓每都感仰爱戴他，而终身不能忘也。

此一节是说"明明德"之"止于至善"。

《诗》云："於戏，前王不忘！"君子贤其贤而亲其亲，小人乐其乐而利其利，此以没世不忘也。

【注】

① 谟烈：谋略与功业。 贤人每：贤人们。② 含哺鼓腹：哺，口含的食物；鼓腹，鼓起肚子，即肚饱；形容太平时代无忧无虑的生活。

解 《诗》，是《周颂·烈文》篇。 於戏（wūhū），是叹词。 前王，指文王、武王。 君子，指后贤、后王。 小人，指后世的百姓。 诗人叹说，文王、武王虽去世已远，而天下之人至今犹思慕他，终不能忘。

曾子释《诗》说，文王、武王所以能使人思慕不忘者，盖因他有无穷的功德留其后世耳，如垂谟烈 ① 以佑启后人，是其贤也。 后来的贤人每，都守其模范而贤其贤，创基业以传与子孙，是其亲也。 后来的王者，都有所承籍而亲其亲，治安天下，使世世享太平之福，是他遗后人的乐处，而后民则含哺鼓腹 ②，以享其所遗之乐。 分田制里，使百姓每永远为业，是他与后人的利益，而后民则安居粒食，以享其所遗之利。 夫贤贤亲亲，是君子得其所矣；乐乐利利，是小人得其所矣。 此所以文王、武王去世虽远，而人心追思之，终不能忘也。

此一节是说"新民"之"止于至善"。

右传之三章，释"止于至善"。

傳四章

子曰："听讼，吾犹人也。必也使无讼乎！"无情者不得尽其辞。大畏民志，此谓知本。

解 这一章是释经文"物有本末"的说话。听，是听断。讼，是争讼。犹人，是与人一般。情，是情实。辞，是争讼的言辞。畏，是畏服。曾子引孔子之言说道，若论听断词讼，使他曲直分明，我也能与人一般，不为难事，必是使那百姓每相敬相爱，自然无有争讼，乃为可贵耳！

孔子之言如此，曾子又申解之说，那争讼的人，心中刁诈不实，他的言语多有虚诞，圣人能使那不实的人不敢尽其虚诞之辞者，岂是刑法以制之哉？盖由圣人盛德在上，大能畏服民之心志，使之化诈伪而为诚实，自然无有颠倒曲直，以虚辞相争讼的，所以讼不待听而自无也。夫无讼是民德之新，所以使民无讼是己德之明，必己德明了，然后可使民无讼。则明德为本，而在所当先；新民为末，而在所当后矣。所以说"此谓知本"，而经文所谓"物有本末"者，盖以此。

右传之四章，释"本末"。

傳 五 章

此谓知本。此谓知之至也。

解 上一句，前面已有了，此是错误重出。后一句，是个结语的口气，上而必有说话，是古人传流失落了。

右传之五章，盖释"格物致知"之义，而今亡矣。间尝窃取程子之意以补之曰："所谓致知在格物者，言欲致吾之知，在即物而穷其理也。盖人心之灵莫不有知，而天下之物莫不有理，惟于理有未穷，故其知有不尽也。是以大学始教，必使学者即凡天下之物，莫不因其已知之理而益穷之，以求至乎其极。至于用力之久，而一旦豁然贯通焉，则众物之表里精粗无不到，而吾心之全体大用无不明矣。此谓格物，此谓知之至也。"

解 这是宋儒朱子的说话。间，是近日。表，是外而指道理易见处说。里，是里面，指道理难见处说。精，是道理精微的。粗，是道理粗浅的。朱子说，这传文第五章，盖曾子解释经文"格物致知"的说话，而今简编残缺，不可考矣。然"格物致知"是大学第一段工夫，最为紧要，若少此一节，则诚意、正心、修齐、治平都做不得了，岂可缺而不备？所以我近时曾私取程子的意思，做一章书以补之说道，经文所谓致知在格物者，是说人要推极吾心的知识，使无一些不明，当随事随物而穷极其理，使其无一处不到可也。

所以然者何故？盖人心之本体至虚至灵，都有个自然的知识；而天下之万事万物，都有个当然的道理。这心虽在内，而其理实周于物；那物虽在外，而其理实据具于心。惟于事物的道理有未穷，故其心上的知识有不尽也。所以《大学》起初教人，必使那为学的，把天下事物的道理，无大无小，各就着心上那明白的去处，益加穷究之功，就天下事，无一件不穷，就一件内，无一毫不尽，务到个极处而后已。如此日积月累，至于久，后工夫到了，忽觉一旦之间豁然开悟，都贯穿通透得来，则众物之理，或在表的，或在里的，或精微的，或粗浅的，无一件不晓得到，而吾心具众理的全体，与应万事的大用，也无一些不光明了。夫众物之表里精粗无不到，便是物格；吾心之全体大用无不明，便是知至。经文所谓物格知至者，盖如此。

傳六章

所谓诚其意者，毋自欺也。如恶恶臭，如好好色，此之谓自谦。故君子必慎其独也。

解 这一章是解释经文"诚意"的说话。毋，是禁止之辞。自欺，是自己欺谩，不肯着实。"谦"字，读做"慊（qiè）"字，慊，是心中快足。独，是心上念虑发动，独自知道的去处。曾子说，经文所谓"诚其意"者，是要人于意念发动之时，就真真实实禁止了那自己欺谩的意思。使其恶恶如恶恶臭的一般，是真心恶他，而于恶之所在，务要决去；好善如好好色的一般，是真心好他，而于善之所在，务要必得。这等才是好善恶恶的本心，无有亏欠，才得个自己心上快足，所以谓之自慊。然欺曰自欺，慊曰自慊，是意之实与不实，人不及知，我心里独自知道这个去处，虽甚隐微，却是善恶之所由分，不可不谨。所以君子在此处，极要谨慎，看是自欺，便就禁止；看是自慊，便加培植，不敢有一毫苟且，亦不待发现于声色事为之际，而后用力也。经文之所谓"诚意"者，盖如此。

小人闲居为不善，无所不至，见君子而后厌然，掩其不善，而著其善。人之视己，如见其肺肝然，则何益矣？此谓诚于中形于外，故君子必慎其独也。

解 闲居，是没人看见的去处。厌然，是消沮闭藏的模样。独，是人所不知而己所独知之地。曾子说，小人独居时，只说没人看见，把各样不好的事，件件都做出来；及至见了君子，也知惶恐，却消沮闭藏，遮盖了他的不善，假装出个为善的模样，只说哄得过人，殊不知人心至灵，自不可欺。我方这等掩饰，人看得我，已是件件明白，恰似看见那腹里的肺肝相似。似这等恶不可掩而善不可诈，岂不枉费了那机巧之心，有甚好处？所以说"则何益矣"。夫掩恶诈善如此无益，这便是实有那不好的心在里面，自然有不好的形迹露在外面，独知之地可不慎哉？此君子所以必谨慎于己所独知之地，而不敢以自欺也。既能慎独，则其发见于外者，自无不善矣。

曾子曰："十目所视，十手所指，其严乎！"

解 这是门人引曾子平日的言语，以发明上文之意。严，是可畏的意思。曾子说，那幽独去处所干的事，人只说无人看见，无人指摘，可以苟且，岂知天下之事，有迹必露，无微不彰。那为善的，虽不必求知，毕竟人自然晓得；那为恶的，虽要遮盖，毕竟也被人识破一些掩不得。莫说无人看见，乃十目之所共视也；莫说无人指摘，乃十手之所共指也。幽独之中不可掩，一至于此，岂不甚可畏乎？知其可畏，则慎独之功自不容已矣。

富润屋，德润身，心广体胖，故君子必诚其意。

【解】 这是说能慎其独的好处。润，是华美。广，是宽大。胖，是舒展的意思。言人若富足，自然用度充裕，而华美其屋；人若有德，自然诚中形外，而华美其身。盖有德的人，他心里没些惭沮，便自然广大宽平，而其发于四体，亦自然从容舒展，身心内外之间浑然是个有德的气象，所谓"德润身"者如此。然德自诚意中来，所以为学的君子，必慎独以诚其意，好善则如好好色，恶恶则如恶恶臭，必到那自慊去处，则德全而有润身之效矣。这一章是为学工夫极要紧处。

盖"克念作圣，罔念作狂"[①]；与治同道，与乱同事，都在这一念上分，是个初发动的机括，诚不可以不慎也。

右传之六章，释"诚意"。

【注】

① "克念作圣，罔念作狂"：出自《尚书·多方》："惟圣罔念作狂，惟狂克念作圣。"

傳 七 章

所谓修身在正其心者，身有所忿懥则不得其正，有所恐惧则不得其正，有所好乐则不得其正，有所忧患则不得其正。

解 这一章是解释经文"正心修身"的说话。"身有"的"身"字，当作"心"字。忿懥（zhì），是心里恼怒。恐惧，是心里畏怕。好乐，是心里喜好。忧患，是心里愁虑。有所，是有那一件事在心里执着，如不当怒而怒，或虽当怒却又怒的过了，着这一件恼怒的事横在胸中，便是"有所忿懥"。下面三句，都是此意。昔曾子说，经文所谓"修身在正其心者"，盖言心是一身的主宰，而心体至虚，原着不得一物，一有所着，则心即为所累而不得其正。着在怒的一边，而有所忿懥，则心为忿懥所累，而不得其正矣；着在畏的一边，而有所恐惧，则心为恐惧所累，而不得其正矣；着在喜的一边，而有所好乐，则心为好乐所累，而不得其正矣；着在忧的一边，而有所忧患，则心为忧患所累，而不得其正矣。

盖忿懥、恐惧、好乐、忧患乃心之用，人情之所不能免也。但四者在人，本有当然之则，若能随事顺应，而各中其则，事已即化，而不留于中，则心之本体，湛然常虚，如明镜一般，何累之有？唯其欲动情胜，或发之过当而留滞于中，如明镜上着了尘垢一般，由是虚灵之体为其所累，而不得其正矣。心不能正，而欲身之修岂可得乎？下文视听饮食之失其职，便是身不修处。

心不在焉，视而不见，听而不闻，食而不知其味。

解 承上文说，人心为一身之主，必心君泰然而后众体从令，各得其职。若有所忿懥、恐惧、好乐、忧患，则这心便被那一件事牵引去了，不在里面。心既不在，则眼虽看着，也如不见；耳虽听着，也如不闻；口内虽吃着饮食，也不晓得是什么滋味。盖目之于视，耳之于听，口之于味，皆吾身之用；而所以视，所以听，所以知味者皆心也。故心不在而众体皆失其职矣。这是心不能正，身便不修如此。

此谓修身在正其心。

解 这是结上文两节的意思，说人心有所忿懥、恐惧、好乐、忧患而不得其正，则虽视听食味至切近处，尚不能辨，况于出入起居、应事接物之际，岂能得其理乎？可见，心为一身之主，不能正心者，必不可以修身也。经文所谓"欲修其身，先正其心"者，意盖如此。君子诚能静而存养，动而省察，务使此心湛然虚明，随事随应，而喜怒忧惧各中其则，则心正身修，而家国天下，皆从而理矣。岂特视听食味之间，能得其正而已哉！

右传之七章，释"正心修身"。

傳 八 章

所谓齐其家在修其身者，人之其所亲爱而辟焉，之其所贱恶而辟焉，之其所畏敬而辟焉，之其所哀矜而辟焉，之其所敖惰①而辟焉。故好而知其恶，恶而知其美者，天下鲜矣。

解 这一章是解释经文"修身齐家"的说话。"之"字，解做"于"字。辟，是偏。昔曾子说，经文所谓"齐其家在修其身"者，盖言一家的根本，在我一身，此身与人相接，情之所向，各有个当然的道理，但人多任情好恶，不能检察，所以陷于一偏，而身不修也。如骨肉之间，固当亲爱，然父有过也当谏诤，子有过也当教训，若只管任情去亲爱，更不论义理上可否，这亲爱的便偏了。卑污之人，固可贱恶，然其人若有可取处，也不该全弃他；有可教处，也不该终绝他，若只管任情去贱恶，更不肯宽恕一些，这贱恶的便偏了。畏是畏惧，敬是恭敬。人于尊长，固当畏敬，然自有个畏敬的正理。若是不察其理，或有过于畏惧，过于恭敬，不合乎中，这畏敬便偏了。哀矜，是怜悯的意思。困苦的人，固当怜悯，然自有个哀怜的正理，若其中有不当怜悯处，也只管去怜悯他，却又成了姑息，这哀矜便偏了。敖惰，是简慢的意思。平常的人，简慢些也不为过，然亦有个简慢的正理，若其中有不当简慢处，也只管去简慢他，却又流于骄肆，这傲惰便偏了。人情陷于一偏如此。所以好一个人，只见他件件都是好的，就有不善，也不知了。恶一个人，只见他件件都是不好的，就有善，也不知了。若是所好的人，却能知其恶，所恶的人，却能知其美者，这是平日能用克己的功夫，到个至公至明的去处，才能如此。以这等人，世上少有，所以说"天下鲜矣"。

故谚有之曰："人莫知其子之恶，莫知其苗之硕。"

解 谚，是俗语。苗，是田苗。硕，是茂盛。言人情既陷于一偏，便随处偏了，都见不得。所以俗语说，人之溺爱者不明他的儿子虽是不肖，也不知道，只说是好；贪得者心无厌足，他的田苗虽是茂盛，也不见得，只嫌不茂盛。偏之为害，一至于此。

此谓身不修不可以齐其家。

解 即上文说"偏之为害"上看来，可见欲齐家者，必须先修其身。若果情有所偏，事皆任意，却要感化得一家的人，使其无小无大，都在伦理之中，而无有参差不齐者，断无此理，所以说"身不修，不可以齐其家"。

右传之八章，释"修身齐家"。

傳九章

所谓治国必先齐其家者，其家不可教而能教人者，无之，故君子不出家而成教于国。孝者所以事君也，弟者，所以事长也，慈者所以使众也。

解 这是解释经文"齐家治国"的说话。曾子说，经文所谓欲治其国必先齐其家者谓何？盖家乃国之本，若不能修身以教其家，使一家之人有所观法，却能教训那一国之人，使之感化，决无此理。所以在上的君子，只修身以教于家，使父子、兄弟、夫妇各尽其道，则身虽不出家庭，而标准之立，风声之传，那一国的百姓，自然感化，也都各尽其道，而教成矣，所以然者何也？盖家国虽异，其理则同，如善事其亲之谓孝，然国之有君，与家之有亲一般，这事亲的道理，即是那事君的道理。善事其兄之谓弟，然国之有长，与家之有兄一般，这事兄的道理，即是那事长的道理。抚爱卑幼之谓慈，然国之有众百姓每，与家之有卑幼一般，这抚爱卑幼的道理，即是那使众百姓的道理。夫孝、弟①、慈三件，是君子修身以教于家的。然而国之所以事君、事长、使众之道，不外乎此，此君子所以不出家而教自成于国也。

【注】

① 弟（tì）：同"悌"，下同。

《康诰》曰："如保赤子。"心诚求之，虽不中，不远矣。未有学养子而后嫁者也。

解 这一节是承上文说，见孝、弟、慈之理，是人心原有，不待强为的意思。《康诰》，是《周书》篇名。赤子，是初生的小儿。武王作书告康叔说，为人君者，保爱那百姓每当如慈母保爱那初生的小儿一般。

曾子引此诗而解释之说，初生的小儿，不会说话，要保爱他，怎能够晓得他的意思？只是为母的爱子之心，诚切恳至，以其诚切恳至之心，而忖度赤子之意，虽不能一一都合着，也差不远矣。然这个保赤子之心，人人自有不学自会，几曾见为女子的先学会了抚养孩子的方法，然后才去嫁人？可见皆出于自然，而不待于勉强也。夫慈幼之心，既出于自然，则孝弟之心，亦未有不出于自然者，但能识其端而推广之，则所以"不出家而成教于国"者，在是矣。

一家仁，一国兴仁；一家让，一国兴让；一人贪戾，一国作乱。其机如此。此谓一言偾事，一人定国。

解 这一节是言教成于国之效。仁，是以恩相亲。让，是以礼相敬。一人，指君说。贪，是好利。戾，是背理。机，是机关发动处。偾（fèn），是覆败。曾子承上文说，君子不出家而成教于国者，既本乎一理，又出于自然。人君果能以仁教于家，使一家之中，父慈子孝，欢然有恩以相亲，则一国之为父子的，得于观感，也都兴起于仁矣。能以让教于家，使一家之中，兄友弟恭，秩然有礼以相敬，则一国之为兄弟的，得于观感，也都兴起于让矣。若为君的，不仁不让，好利而取民无制，背理而行事乖方，则一国之人，也都仿效，而悖乱之事由此而起矣。夫一国之仁让，由于一家；一国之作乱，由于一人。可见，上以此感，则下以此应，其机关发动处，自然止遏不住有如此。所以古人说道，一句言语说得差失，便至于坏事；人君一身行得好时，便能安定其国，正此之谓也。为人上者，可不戒贪戾以绝祸乱之端，而躬行仁让，以为定国之本！

尧、舜帅天下以仁，而民从之；桀、纣帅天下以暴，而民从之。其所令反其所好，而民不从。是故君子有诸己而后求诸人，无诸己而后非诸人。所藏乎身不恕，而能喻诸人者，未之有也。

解 帅，是帅领。令，是政令。恕，是推己及人的道理。藏，是存。喻，是晓喻。此承上文说，尧、舜之为君，存的是仁心，行的是仁政，是以仁帅领天下也。那时百姓看着尧、舜的样子，也都感化，相亲相让，而从其为仁。桀、纣之为君，存心惨刻，行政残虐，是以暴帅领天下也。那时百姓看着桀、纣的样子，也都效尤，欺弱凌寡，而从其为暴。即此看来，可见人君一身，是百姓的表帅，上行下效，理势自然。若使人君所好的是暴，而出令以教天下者却是仁，这便是所令反其所好了，那百姓每谁肯从他？惟其如此，所以在上位的君子，虽教人为善去恶，是其职分，必先反诸其身。自家有这善，然后责成人，使他劝勉于善。自家无这恶，然后说人不是，使他改正其恶。这是推己及人，恕之道也。然后人才肯顺从我，我才能晓喻得人。若自家不能有善而无恶，却要责人之善，正人之恶，这便是存乎己身者不恕了。如此而能晓喻人，使之从我为善而去恶，决无此理，所以说"未之有也"。

故治国在齐其家。

解 这一句是通结上文。曾子又说，看来一身之举动，一家之趋向所关；一家之习尚，一国之观瞻所系。人若不能修身而教于家，必不能成教于国。故人要治那一国的百姓，不必远求，只在乎修身以教于家而已，盖齐家是治国的根本也。

《诗》云："桃之夭夭，其叶蓁蓁。之子于归，宜其家人。"宜其家人，而后可以教国人。

解 前面释齐家治国之意已尽，此以下，又引《诗》而咏叹之，以足其意。《诗》，是《周南·桃夭》篇。夭夭，是少好貌。蓁蓁，是美盛貌。之子，指出嫁的女子。妇人以夫为家，故谓嫁曰归。宜，是善。诗人说，桃树夭夭然少好，其叶蓁蓁然美盛，以兴女子之归于夫家，必能事舅姑以孝，事夫子以敬，处妯娌以和，待下人以惠，而一家之人，无不相宜者。

曾子引之说道，为人君者，必能处得那一家的人个个停当，如此诗所谓宜其家人，方才可以教那一国的人，使之各有以宜其家也。不然，家人且不相宜，何以教国人乎？

《诗》云："宜兄宜弟。"宜兄宜弟，而后可以教国人。

解 《诗》，是《小雅·蓼萧》篇。诗人说，一家之中，有长于我的，是兄，我能尽其恭敬而善事之，感得为兄的也常常爱我，这便是宜兄。有少于我的，是弟，我能尽其友爱而善抚之，感得为弟的也常常敬我，这便是宜弟。

曾子引之说道，为人君者，必能善处自家的兄弟，如此诗所谓"宜兄宜弟"，然后可以教那一国之人，使之亦有以宜其兄弟也。不然，自家的骨肉尚不能相容，又何以教国人乎？

《诗》云："其仪不忒，正是四国。"其为父子兄弟足法，而后民法之也。

解 《诗》，是《曹风·鸤鸠》篇。 仪，是礼仪。"忒"字，解做"差"字。四国，是四方之国。 诗人说，人君一身所行的礼仪，没有一件差错，便能表正那四国的百姓，而为下民之观法。

曾子引之说道，为人君者，必是自家为父能慈，为子能孝，为兄能友，为弟能恭，所行的件件都足以为人的法则，如此诗所谓"其仪不忒"。 然后百姓每皆取法他，父也去慈，子也去孝，兄也去友，弟也去恭，而四国无不正也。 不然，自家一身且有差忒，又何以正国人乎？

此谓治国在齐其家。

解 曾子既引三诗，又总结说，观这三诗所言，虽有不同，皆是说治国在齐其家之意。 然则人若欲治其国者，可不先齐家以为之本哉！

右传之九章，释"齐家治国"。

傳十章

所谓平天下在治其国者，上老老而民兴孝，上长长而民兴弟，上恤孤而民不倍^①，是以君子有絜矩^②之道也。

【注】

① 倍：同"背"。 絜矩
絜，度量；矩，画直角或
方形用的尺子；絜矩即为
法度、规则。

解 这是解释经文"治国平天下"的说话。下"老"字，是指父母。上"老"字，是尽事父母之道。下"长"字，是指兄长。上"长"字，是尽事兄长之道。兴，是兴起。恤，是怜爱。孤，是孤幼。倍，是违背。絜（xié），是度。矩，是为方的器具。

　　曾子说，经文所谓欲平天下在先治其国者，谓何？盖言天下无不同之心，人心无不同之理，惟人君之倡导何如耳？如上能以事老之道，孝顺自家的父母，则国人便都兴起于孝，而善事其父母矣。上能以事长之道，恭敬自家的兄长，则国人便都兴起于弟（tì），而善事其兄长矣。上能怜爱一家的孤幼，则国人也都如君上一般慈其孤幼，而无有违背之者矣。这孝、弟、慈三件，上行下效如此，可见人心之理无不同也。一国之人心，既无异于一家，则天下之人心，又岂有异于国乎？所以在上的君子，因此有个絜矩之道，度其必同之心，处以各足之理，使天下凡有孝、弟、慈之愿者，皆得随分以自尽，而无有不齐，就如那匠人制器的一般，度之以矩，而使其无不方也。这絜矩是平天下之要道，解见下文。

所恶于上，毋以使下；所恶于下，毋以事上；所恶于前，毋以先后；所恶于后，毋以从前；所恶于右，毋以交于左；所恶于左，毋以交于右。此之谓絜矩之道。

解 恶，是憎恶，心里不欲的意思。曾子覆解"絜矩"二字之义，说道，人之相处，有在我上面的，有在我下面的，有在我前后左右的，其心都是一般。假如上面的人以无礼使我，我所不欲也，便以我的心度量在下面的人，知他的心与我一般，亦不可以无礼使之。如下面的人以不忠事我，我所憎恶也，便以我的心度量在上面的人，知他的心与我一般，亦不敢以不忠事之。以此心往前后度量，或在我前面的人，我恶其以不善待我，便不以前人之加于我者而先加于后。在我后面的人，我恶其以不善待我，便不以后人之及于我者而施及于前。以此心往左右度量，或在我右边的人，我有所恶，便不以此交之于左。在我左边的人，我有所恶，便不以此交之于右。这是将人比己，体之无不周，以己处人，施之无不当，上下四旁，均齐方正，就如那匠人之制方器，度之以矩而无有不方的一般，所以叫做絜矩之道。

人君用此道以治天下，则天下之人，虽有万万不齐，而于天下之心，皆能一一不拂，天下有不得其平者乎？上文所谓"君子有絜矩之道"者，盖如此。

《诗》云："乐只君子，民之父母。"民之所好好之，民之所恶恶之，此之谓民之父母。

解 《诗》，是《小雅·南山有台》篇。只，是语助词。诗人说，在上位可嘉可乐的君子，即是百姓每的父母。曾子既引此诗而释之说道，君子居民之上，有君之尊，何以说做父母？盖言君子能以民心为己心，如饱暖安逸之类，是百姓每心里所喜好的，君子便因其所好而好之，务要区处使他各得其所。如饥寒劳苦之类是百姓每心里所憎恶的，君子便因其所恶而恶之，务要体悉，使他得免于患。是君子之与民同其好恶，如父母之爱其子矣，所以百姓每爱戴君子，亦如爱自家的父母一般。

这是能絜矩的，其效如此。

《诗》云："节彼南山，维石岩岩。赫赫师尹，民具尔瞻。"有国者不可以不慎，辟则为天下僇矣。

解 《诗》，是《小雅·节南山》之篇。师尹，是周太师尹氏。辟，是偏僻。"僇（lù）"字，与"刑戮"的"戮"字同义。诗人说，望着那南山，截然高大，山上的石头岩岩然堆起。如今尹氏做着太师，其势位之赫赫显盛，便与那高山一般，百姓每都瞻仰着他，却乃好恶不公，罔上行私，以致天下之乱。这是诗人讥尹氏之辞。

曾子解说，有国家者，既为民所瞻仰，必须常常谨慎，凡事要合乎人心，若是不能絜矩，只狥（xùn）一己之偏，民所好的不从民便，民所恶的不肯体恤，致得那天下之人都生怨恨，必然众叛亲离，而身与国家不能保守，所以说辟则为天下僇矣。

这是不能絜矩的，其害如此。

《诗》云："殷之未丧师，克配上帝。仪监于殷，峻命不易。"道得众则得国，失众则失国。

解 《诗》，是《大雅·文王》篇。丧，是失。师，是众。配，是对。上帝，是天。"仪"字当作"宜"字。监，是看着他的意思。"道"字，解做"言"字。诗人说，如今殷家失了天下，便是我周家得了。当初殷家祖宗不曾失了众人的时节，也曾受天眷命，君主天下，能与天作对来，因他后世子孙行的不好，失了人心，那天命便去了。今后我周家的子孙，就宜看着殷家的事，以为监戒，不可像他子孙行的不好，这上天峻大之命，去留无常，岂是容易保守的？

曾子解说，诗人所云，盖言为人君者，若能絜矩，而与民同其好恶，便得了众人的心，为民父母而得国；若不能絜矩，而好恶徇一己之偏，便失了众人的心，为天下僇而失国。

盖信乎峻命之难保也，有天下者可不兢兢业业，思所以得人心而保天命乎？

是故君子先慎乎德。有德此有人，有人此有土，有土此有财，有财此有用。

解 是故，是承上起下之辞。慎，是谨慎。德，即经文所谓"明德"。财，是货财。用，是用度。曾子说，观上文说的，凡天命人心之得失，皆由于能絜矩与不能絜矩，如此可见有家国者，第一要紧的是修德。所以在上位的君子，虽事事都该谨慎，尤先要格物、致知、诚意、正心、修身的工夫，以谨慎在己之德，不使有一些怠忽昏昧，则己德克修，而絜矩之本立矣。既有了德，那百姓每个个都感化归顺，岂不是有人？既有了人，那百姓每所住的地方，处处都属其管辖，岂不是有土？既有了土，那土地中所出的诸般货物，自然都来贡献，岂不是有财？既有了财，则国家所需的诸般用度，自然足以供给，岂不是有用？盖君德既慎，则民心自归，其得众得国而有财用，固理之必然者也。

德者，本也；财者，末也。

解 本，是根本。末，是末梢。此承上文说，有德则有人、有土而有财用。可见，德是为国的根本，第一紧要。财虽日用之不可缺，而有德则自然有财。譬之草木，根本既固则枝梢自然茂盛，但当培其根本可也。夫知德为本，则在所当先；知财为末，则在所当后矣。

君子之所以先慎乎德者，其以是哉。

外本内末，争民施夺。

解 争民，是使民争斗。施夺，是教民劫夺。夫德既是本，乃所当重；财既是末，乃所当轻。若或将这德来看做外事，不思谨慎，将那财来看做自家的，专去聚敛，百姓每见在上的人如此，也都仿效，人人以争斗为心，劫夺为务，就如在上的教他一般，所以说“争民施夺”。这是财货不能絜矩的，其害如此。

是故财聚则民散，财散则民聚。

解 承上文说，外本内末，民便争夺，民既争夺，必致离散。可见，义与利不可并行，民与财不可兼得。若是外本内末，聚财于上，财虽聚了，却失了天下的心，那百姓每都离心离德而怨叛之，未有财聚而民亦聚者也；若是内本外末，散财于下，财虽散了，却得了天下的心，那百姓每都同心爱戴而自然归聚，未有财散而民亦散者也。这两样孰损孰益，有天下者当知所辨矣。

是故言悖而出者，亦悖而入；货悖而入者，亦悖而出。

解 言，是言语。悖，是违悖，不顺理。货，是财货。曾子承上文说，"财散则民聚"，其实民之聚者财不终散；"财聚则民散"，其实民之散者财也不终聚。就如言语一般，若将不顺道理的言语加于人，人定也把那不顺道理的言语来回我，是悖而出者亦必悖而入也。若那财货是暴征横敛，不顺道理取将进来的，终须也还散将出去，保守不得，是悖而入者亦必悖而出也。不义之财，既是难守，积之何益？为人君者，岂可以财为内，而不知所以慎其德乎？

《康诰》曰："惟命不于常。"道善则得之，不善则失之矣。

解 前面说先慎乎德，则有人有土，是能絜矩的。外本内末则悖入悖出，是不能絜矩的。这一节又总结其意。《康诰》，是《周书》篇名。命，是天命。"道"字，解做"言"字。武王作书告康叔说，惟是上天之命，或去或留，不可为常。曾子解说，这一句话是说为人君的，若能絜矩，而散财以得民心，便得了天命，所谓得众则得国也；若不能絜矩，而聚财以失民心，便失了天命，所谓失众则失国也。

天命不常如此，人君诚欲保之，岂可外本内末，而不知慎德以尽絜矩之道哉？

《楚书》曰："楚国无以为宝，惟善以为宝。"

【注】
① 聘：访问。

解 以下两节，是明不外本而内末之意。《楚书》，是楚国史官记事的书。宝，是贵重的物。《楚书》说，昔楚国王孙圉聘①于晋，晋大夫赵简子问他说："你楚国中有什么宝贝？"王孙圉对说："我楚国也没有什么宝，凡金玉珠石之类，皆不以为贵，只是有德的善人，能利生民，能安社稷，便以他为宝也。"

按史，当时楚有臣名观射父，能作命辞，取重于诸侯；又有臣名左史倚相，多读古书，练达典故，使主君能保先世之业，故楚国宝之。夫楚之所宝，不在金玉而在善人，是能不外本而内末者矣。

舅犯曰："亡人无以为宝，仁亲以为宝。"

【注】
① 晋文公（约前697—□628）：姬姓，晋氏，□重耳，春秋时期晋国□二十二任君主，在做公□时，因其父宠爱骊姬，受□骊姬迫害，逃亡他国，被□迫流亡在外十九年，公□前636年在秦穆公的支□下回国成功夺位，是春秋□五霸中第二位霸主。

解 舅犯，是晋文公①的母舅，名狐偃，字子犯。亡人，指晋文公说。在先晋文公做公子时，避骊姬之难，逃出在外，故称亡人。后来又遍历曹、卫、齐、楚，至于秦国。到秦国时，他父亲献公薨逝，秦穆公劝文公兴兵复国以为晋君，舅犯教文公对说，我出亡之人，不以富贵为宝，只以爱亲为宝，若是有亲之丧，而无哀伤思慕之心，却去兴兵争国，便是不爱亲了，虽得国，不足为宝也。夫晋之所宝，不在得国而在仁亲，是亦不外本而内末者矣。

《秦誓》曰："若有一个臣，断断兮无他技，其心休休焉，其如有容焉。人之有技，若己有之；人之彦圣，其心好之，不啻若自其口出。实能容之，以能保我子

孙黎民，尚亦有利哉！人之有技，媢嫉以恶之；人之彦圣，而违之俾不通。实不能容，以不能保我子孙黎民，亦曰殆哉！"

解 《秦誓》，是秦穆公告群臣的说话。断断，是诚一之貌。技，是才能。休休，是平易宽弘的意思。彦，是俊美。圣，是通明。不啻，解做不但。媢（mào）嫉，是妒忌。违，是拂戾。殆，是危。曾子以平天下之道，要紧在于公好恶，用贤才。而欲贤才之进用，又须得一个好大臣付之以进退人才之任，然后用舍得宜而国家蒙利也，故引用《周书》秦穆公之言说道，我若有一个臣，断断然真诚纯一，他也不逞一己的才能，只是"其心休休焉"，平易正直，广大宽弘，能容受天下之善。见人有才能的，则心里爱他，如自己有才能一般；见人之俊美通明的，则其心喜好之，肫肫恳切，不但如其口中称扬之语而已。这等的人着实能容受天下的贤才，没有虚假，若用他做大臣，将使君子在位，展布效用，把天下的事，件件都做得好。必能保我子孙，使长享富贵；保我黎民，使长享大平，而社稷受无穷之福矣，不庶几有利于国哉？若是个不良之臣，只要呈自己的才能，全无断断之诚、休休之量，见人有才能的，恐他强过自己，便妒忌憎嫌；见人是个俊美通明的，便百般计较，拂抑阻滞，使他不得通达。这等的人，心私量狭，实是不能容受天下的贤才。若误用他做大臣，将使君子丧气，小人得志，把天下的事，件件都做坏了，如何能保我的子孙，使他长久？又如何能保我黎民，使他安乐？乱亡之祸，将由此而致矣，不亦岌岌乎危殆哉！

夫国家之治乱，系于大臣之公私如此，则任用大臣者，可以知所择矣。然必人君自公其好恶，方能择任公好恶之大臣，而诚意正心之学，又自公其好恶之本也。欲保其子孙黎民者，不可不知。

唯仁人放流之，进诸四夷，不与同中国。此谓唯仁人为能爱人，能恶人。

【注】
① 妍媸（chī）：美和丑。

解 放流，是发遣。进，是驱逐的意思。四夷，是四方夷狄之地。曾子说，那嫉贤妒能的人，若是用他在位，善人必受其害。纵是不用，只与他同处在一国，他也会造谗结党，倾陷善人，不可不遣之远去。但人君牵于私意，姑息了他，所以国家终受其害。独是仁德之君，至公至明，见得这样人为害不浅，即便放弃流徙之，驱逐在四夷边远地面，不许他同住在中国，以为善人之害，盖深恶痛绝，必除根而后已，这正是孔子所谓"唯仁人能爱人，能恶人"也。

盖仁人之心，至公无私，如明镜之不混于妍媸①，权衡之不爽夫轻重，故能使彦圣有技之人，皆得尽其用，而媚嫉之害不及于国家，盖好恶之极其公，而能絜矩者如此。

见贤而不能举，举而不能先，命也；见不善而不能退，退而不能远，过也。

【注】
① 迸：走散、奔散。

解 "命"字，当作"慢"字。过，是过失。曾子说，贤人能利国家，举之不可不先也，彼人君之不知其贤者，固不足言矣。若明知他是贤人，却不能举用，或虽举用，又持疑延缓，不能早先用他，这是以怠忽之心待贤人了，岂不是慢？不善之人，妨贤病国，去之不可不远也，彼人君之不知其恶者，固不足言矣。若明知他是不善的人，却不能退黜，或虽退黜，又优柔容隐，不能迸①诸远方，是以姑息之心待恶人了，岂不是过？夫善善而不能用，则何贵于知其善；恶恶而不能远，则何贵于知其恶。故人君之用舍，必任贤勿贰、去邪勿疑而后可，此曾子立言之意也。

【注】
① 菑（zāi）：古同"灾"。

好人之所恶，恶人之所好，是谓拂人之性，菑①必逮夫身。

解 前面说仁人能爱人，能恶人，是尽絜矩之道的。见贤不能举，而先见不善不能退而远，是未尽絜矩之道的。这一节是说不仁之人与絜矩相反的。拂，是违拂。菑，是菑害。逮，是及。曾子说，那谗邪乱政的恶人，是人所共恶的，本该退而远之，却乃喜其便己之私，反去信用他，这便是好人之所恶；尽忠为国的善人，是人所共好的，本该举而先之，却乃嫌其拂己之欲，反去疏弃他，这便是恶人之所好。夫好善恶恶，乃人生的本性。今人之所恶，却去好他；人之所好，却去恶他，岂不违拂了人生的本性？既拂人性，必失人心；既失人心，必失天命。将见丧家败国，而菑害必及其身。所谓辟则为天下僇者，此也。

盖好恶乃人君最要紧处，若好恶不公，举措失当，不止民心不服，亦且那爱民的都去了，害民的都在位，天下实受无穷之祸，毒既流于天下，怨必归于一人，乃自然之理也。好恶之极，其私而不能絜矩者如此。

是故君子有大道，必忠信以得之，骄泰以失之。

解 君子，是有位的人。大道，即是絜矩之道。其端发于吾心，而其为用，能使天下之人各得其所，是个荡荡平平的大道理。曾子承上文说，人之好恶，所以有公私之不同者，以其存心有不同也。是以君子有这絜矩的大道，其得其失，只看他存心何如。盖必忠以尽己而不欺，信以循物而无伪，则一心之中，浑然天理，于那好恶所在，才能以己度人而不差，推己及人而各当，便得了这絜矩的大道。仁人所以能爱人，能恶人，而为民父母者此也。若或骄焉而矜夸自尊，泰焉而纵修自恣，则一心之中私意障塞，于那好恶所在，不惟不肯同于人，且将任己之情，拂人之性，而流于偏僻之归矣，岂不失了这絜矩的大道？不仁之人所以好人所恶，恶人所好，而"菑逮夫身"者，此也。其得失之几如此，欲平天下者，可不存忠信而戒骄泰哉？

生财有大道，生之者众，食之者寡，为之者疾，用之者舒，则财恒足矣。

解 生，是发生。疾，是急忙的意思。舒，是宽裕。曾子说，财用乃国家百务所需，当经理发生，使常有余，而所以发生之者，自有个正大的道理。盖货财皆产于地，若务农者少，则地力不尽，财何能生？必严禁那游惰之人，使他都去务农，这是"生之者众"。众凡官员人役的俸禄，都出于百姓每供给，若冗食者多，则钱粮未免虚耗，必将那冗滥的员役裁革了，惟是紧要不可省的，方才存留，则冗食者少，百姓易于供给，这是"食之者寡"。农事各有时候，若差使不时，便迟误了他的农事，须轻省差徭，禁止工作，纵不得已而用民之力，亦必待冬间农隙之时，使百姓每都得以急忙去及时田作，这是"为之者疾"。财用出入，当有定规，若不撙节，未免匮乏，必须算计一年所入之数，以为所出之数，务于三年之中，积出一年的用度，九年之中，积出三年的用度，愈积愈多，使常有宽裕，这是"用之者舒"。夫生之众，为之疾，则有以开财之源，而其入也无穷。食之寡，用之舒，则有以节财之流，而其出也有限，闾阎不因于聚敛，而府库日见其盈余，常常足用，而不至于缺乏矣。

这是经国久远的规模，非一切权宜之小术可比，所以谓之大道也。然则有国者，岂必外本内末，而后财可聚哉？

仁者以财发身，不仁者以身发财。

解 发，是生发兴旺的意思。曾子说，仁德之君，知道那生财的大道，只要使百姓富足，不肯专利于上，由是天下归心，而安处富贵崇高之位，这便是舍了那货财，去发达自己的身子。不仁之君，不知生财的大道，只要聚财于上，不管百姓每贫苦，由是天下离心，有败国亡身之祸，这便是舍着自己的身子，去生发那财货。

夫以财发身者，本不求财也，而民心既得，实未尝无财；以身发财者，本以奉身也，而乃至于丧身，则财将何用哉？其利害之迥绝，不待较而知者也。

未有上好仁而下不好义者也，未有好义其事不终者也，未有府库财非其财者也。

解 上，是君上。下，指百姓说。终，是成就的意思。曾子承上文"仁者，以财发身"说，君之爱民，仁也；民之忠于上，义也。上不好仁，而下不好义者有矣。若为人上者，轻徭薄赋、节用爱民，使百姓每都得其所，则那百姓每便都感激爱戴，如人子之于父母，手足之于腹心，各输忠悃① 以自效矣，岂有不好义以忠其上者哉？下不好义，固有不终其君之事者，今下既好义，则事使之分明，而爱戴之情切，把君上的事，就如自己的家事一般，皆为之踊跃趋赴，而竭力以图成矣。岂有有始无终，使不能成就者哉？下不好义而人心离畔② ，固有不能保其府库之财者，今下既

好义，则民供给于下，而君安富于上，把府库的财货，就如自家
的财货一般，皆为之防护保守，而长保其所有矣。岂有争夺悖出，
使不能受享者哉？下之好义而能忠于上者，其效如此，莫非上之
好仁启之也。然则为人上者，可不以志仁为务哉？

孟献子曰："畜马乘不察于鸡豚，伐冰之家不畜牛羊，百乘之家不畜聚敛之臣。与其有聚敛之臣，宁有盗臣。"此谓国不以利为利，以义为利也。

解 孟献子，是鲁国的贤大夫。畜（xù），是畜养。马四匹为乘，
古时为大夫的，君赐之车，得用四马驾之。畜马乘，是士初试为
大夫者也。察，是料理的意思。伐，是凿而取之。伐冰之家，是
卿大夫以上丧祭得用冰者。百乘之家，是诸候之卿有采地十里，
可出兵车百辆的。孟献子说，畜马乘的人家，已自有了禄，不当
又理论那鸡豚小事，以侵民之利；伐冰的人家，俸禄越发厚了，
不当又畜养牛羊，以侵民之利；百乘的人家，他的俸禄用度，既
有百姓每的赋税供给，不当又畜养那聚敛之臣，额外设法，以夺
取民财。比似有聚敛财货之臣，宁可有盗窃府库之臣。盖盗臣止
于伤己之财，而聚敛之臣则至于伤民之命，其何忍畜之以为民害
耶？孟献子之言如此。

曾子解说，孟献子这几句言语，正是说有国家者，不当私利
于己，而以利为利，只当公利于民，而以义为利也。盖以利为利，
则失了人心，败了国家，本是求利，却反有害。以义为利，则有
人有土而有财用，虽不求利，而利在其中矣。人君欲利其国家者，
宜辨于斯。

【注】

① 掊（póu）克：聚敛、搜刮。

长国家而务财用者，必自小人矣。彼为善之，小人之使为国家，菑害并至。虽有善者，亦无如之何矣！此谓国不以利为利，以义为利也。

解 上一节言为国者，当以义为利，此又言求利之有害也。长国家，是一国的君长。"自"字，解做"由"字。"彼为善之"一句，疑有阙误，其义未详。菑，是天菑；害，是人害。曾子说，长国家者，当以义制利，而乃有专务聚敛财用者，岂是那为君上的本意？要这等做，必是有等奸利小人，欲借此以希宠于进，乃倡为敛财富国之说，以投其君之所好，人君不察而信用之，是以外本内末，专务财用，自此始矣。这等小人，若使他治国家，则必以聚敛为长策，以掊克①为善谋，夺民之财，以奉君之欲，将使民穷财尽，怨詈号呼，伤天地之和，生离畔之心，天菑人害，纷然并至。到这时节，虽有善人君子，也救不得了，求利之害如此。所以说，有国家者，必不可以利为利，但当以义为利也。通看这一章书，可见治平之要，只是一个絜矩。絜矩之事，不止一端，而其大者，则在用人、理财，用人、理财皆与民同，不私一己，便是絜矩。然其本，则曰慎德，曰忠信，又在人君自明其德，自诚其意，方才知得千万人之心，即一人之心，而能以我一人之心，为千万人之心，此又絜矩之本，惟圣明留意焉。

右传之十章，释"治国平天下"。

解 凡传十章，前四章统论纲领指趣，后六章细论条目工夫。其第五章乃明善之要，第六章乃诚身之本。在初学尤为当务之急，读者不可以其近而忽之也。

大學

大學之道在明明德。

明德於天下者，先治其國。欲治其國者，先齊其家。欲齊其家者，先修其身。欲修其身者，先正其心。欲正其心者，先

在新民在止於至善知止而后有定定而后能静静而后能安安而后能慮慮而后能得物有本末事有終始知所先後則近

家齊而后國治國治
而后天下平自天子
以至於庶人壹是皆
以脩身為本其本亂
而末治者否矣其所
厚者薄而其所薄者

先誠其意。欲誠其意
者，先致其知；致知在
格物。物格而后知至，
知至而后意誠，意誠
而后心正，心正而后
身……身……而后……

作新民詩曰周雖舊
邦其命惟新是故君
子無所不用其極詩
云邦畿千里惟民所
止詩云緡蠻黃鳥止
于丘隅子曰於止知

厚未之有也康誥曰

克明德太甲曰顧諟

天之明命帝典曰克

明峻德皆自明也湯

之盤銘曰苟日新曰

日新又曰新康告曰

人交止⋯⋯信詩云瞻
彼淇奧菉竹猗猗有
斐君子如切如瑳如
琢如磨瑟兮僴兮赫
兮喧兮有斐君子終
不可諠兮如切如瑳

其所止可以人而不
如鳥乎詩云穆穆文
王於緝熙敬止為人
君止於仁為人臣止
於敬為人子止於孝
為人父止於慈與國

也詩云於戲前王不忘君子賢其賢而親其親小人樂其樂而利其利此以沒世不忘也子曰聽訟吾猶人也必也使無訟乎

者道學也如琢如磨
者自脩也瑟兮僴兮
者恂慄也赫兮喧兮
者威儀也有斐君子
終不可諠兮者道盛
德至善民之不能忘

謙故君子必慎其獨

也小人閒居為不善

無所不至見君子而

后厭然揜其不善而

著其善人之視己如

見其肺肝然則何益

無情者不得盡其辭大畏民志此謂知本此謂知本此謂知之至也所謂誠其意者毋自欺也如惡惡臭如好好色此之謂自

所謂脩身在正其心者身有所忿懥則不得其正有所恐懼則不得其正有所好樂則不得其正有所憂患則不得其正心不

矣此謂誠於中形於
外故君子必慎其獨
也曾子曰十目所視
十手所指其嚴乎富
潤屋德潤身心廣體
胖故君子必誠其意

辟焉，之其所畏敬而辟焉，之其所哀矜而辟焉，之其所敖惰而辟焉。故好而知其恶，恶而知其美者，天下鲜矣。故谚有之曰

在焉視而不見聽而

不聞食而不知其味

此謂脩身在正其心

所謂齊其家在脩其

身者人之其所親愛

而辟焉之其所賤惡

子不出家而成教扵
國孝者所以事君也
弟者所以事長也慈
者所以使眾也康誥
曰如保赤子心誠求
之雖不中不遠矣未

人莫知其子之惡莫
知其苗之碩此謂身
不修不可以齊其家
所謂治國必先齊其
家者其家不可教而
能教人者無之故君

天下以仁而民從之，桀紂帥天下以暴而人從之，其所令反其所好而民不從。是故君子有諸己而后求諸人，無諸己而后非

有學養子而后嫁者也。一家仁，一國興仁；一家讓，一國興讓；一人貪戾，一國作亂。其機如此。此謂一言僨事，一人定國。堯舜帥

后可以教國人詩云

宜兄宜弟宜兄宜弟

而后可以教國人詩

云其儀不忒正是四

國其為父子兄弟足

法而后民法之也此

諸人所藏乎身不怨
而能喻諸人者未之
有也故治國在齊其
家詩云桃之夭夭其
葉蓁蓁之子于歸宜
其家人宜其家人而

所惡於上　毋以使下

所惡於下　毋以事上後

所惡於前　毋以先後

所惡於後　毋以從前

所惡於右　毋以交於

左所惡於左　毋以交

謂治國在齊其家所
謂平天下在治其國
者上老老而民興孝
上長長而民興弟上
恤孤而民不倍是以
君子有絜矩之道也

師于民具爾瞻

有國者不可以不慎

辟則為天下僇矣詩

云殷之未喪師克配

上帝儀監于殷峻命

不易道得眾則得國

於右此之謂絜矩之
道詩云樂只君子民
之父母民之所好好
之民之所惡惡之此
之謂民之父母詩云
節彼南山維石巖巖

奪是故貝聚貝民散

財散則民聚是故言入

悖而出者亦悖而

償悖而入者亦亦悖而

出康誥曰惟命不于

常道善則得之不善

失眾則失國是故君
子先慎乎德有德此
有人有人此有土有
土此有財有財有此
用德者本也財者末
也外本為末爭民施

休焉其如有容焉

人之有技若己有之

人之参聖其心好之

不啻若自其口出寔

朕容之以能保我于

孫黎民尚亦有利哉

則失之矣書曰楚
國無以為寶惟善以
為寶舅犯曰人無
以為寶仁親以為寶
秦誓曰若有一介臣
斷斷兮無他技其心

同中國也訓省仁人
為能愛人能惡人見
賢而不能舉舉人而不
能先命也見不善而
不能退退而不能遠
過也好人之所惡惡

人之有技媢疾以惡之人之彥聖而違之俾不通寔不能容以不能保我子孫黎民亦曰殆哉唯仁人放流之迸諸四夷不與

者疾用之者舒則財
恒足矣仁者以財發
身不仁者以身發財
未有上好仁而下不
好義者也未有好義
其事不終者也未有

人之所好是謂拂人
之性菑必逮夫身是
故君子有大道必忠
信以得之驕泰以失
之生財有大道生之
者眾食者寡為之

臣此謂國不以利為
利以義為利也長國
家而務財用者必自
小人矣彼為善之小
人使為國家菑害並
至雖有善者亦無如

府庫財非其財者也

孟獻子曰畜馬乘不

察於雞豚伐冰之家

不畜牛羊百乘之家

不畜聚斂之臣與其

有聚斂之臣寧有盜

利為利。以義為利也。

之何矣。此謂國不以

後學趙孟頫書

子程子曰：不偏之谓中，不易之谓庸。中者，天下之正道；庸者，天下之定理。此篇乃孔门传授心法，子思恐其久而差也，故笔之于书，以授孟子。其书始言一理，中散为万事，末复合为一理；放之则弥六合，卷之则退藏于密，其味无穷，皆实学也。善读者玩索而有得焉，则终身用之有不能尽者也。

解 这书是孔子之孙子思所作。中，是无所偏；庸，是不可易。子思以天下的道理，本是中正而无所偏倚，平常而不可改易，但世教衰微，学术不明，往往流于偏僻，好为奇怪，而自失其中庸之理，故作为此书以发明之，就名为《中庸》。

中庸

第一章

天命之谓性，率性之谓道，修道之谓教。

【注】

① 元 亨 利 贞：出 自《易经》，元，创始；亨，亨通；利，受益；固，贞固。

② 付畀（bì）：授予。

③ 已：停止。

解 这是《中庸》首章，子思发明道之本原如此。"命"字，解做"令"字。率，是循。修，是品节裁成的意思。子思说，天下之人，莫不有性，然性何由而得名也？盖天之生人，既与之气以成形，必赋之理以成性，在天为元亨利贞①，在人为仁义礼智，其禀受付畀②，就如天命令他一般，所以说"天命之谓性"。天下之事，莫不有道，然道何由而得名也？盖人物各循其性之自然，则其日用事物之间，莫不各有当行的道路，仁而为父子之亲，义而为君臣之分，礼而为恭敬辞让之节，智而为是非邪正之辨，其运用应酬，不过依顺着那性中所本有的，所以说"率性之谓道"。若夫圣人敷教以化天下，教又何由名也？盖人之性道虽同，而气禀不齐，习染易坏，则有不能尽率其性者，圣人于是因其当行之道，而修治之，以为法于天下，节之以礼，和之以乐，齐之以政，禁之以刑，使人皆遵道而行，以复其性，亦只是即其固有者裁之耳，而非有所加损也，所以说"修道之谓教"。夫教修乎道，道率于性，性命于天，可见道之大原出于天者矣。知其为天之所命，而率性修道之功，其容已③乎？

道也者，不可须臾离也；可离，非道也。是故君子戒

慎乎其所不睹，恐惧乎其所不闻。

解 须臾，是顷刻之间。睹，是看见。闻，是听闻。戒慎、恐惧，都是敬畏的意思。承上文说，道既源于天，率于性，可见，这个道与我的身子合而为一，就是顷刻之间也不可离了他。此心、此身方才离了，心便不正，身便不修。一事一物方才离了，事也不成，物也不就，如何可以须臾离得？若说可离，便是身外的物，不是我心上的道，道决不可须臾离也。夫惟道不可离，是以君子之心，常存敬畏，不待目有所睹见，而后戒慎，虽至静之中，未与物接，目无所睹，而其心亦常常戒慎而不敢忽。不待耳有所听闻，而后恐惧，虽至静之中，未与物接，耳无所闻，而其心亦常常恐惧而不敢忘，这是静而存养的工夫。所以，存天理之本然而不使离道于须臾之顷也。

莫见乎隐，莫显乎微。故君子慎其独也。

解 这一节是说君子于戒慎、恐惧中又有一段省察的工夫。隐，是幽暗之处。微，是细微之事。独，是人不知而己独知的去处。子思说，人于众人看见的去处，才叫做著见明显。殊不知他人看着自己，只是见了个外面，而其中纤悉委曲①，反有不能尽知者。

若夫幽暗之中，细微之事，形迹虽未彰露，然意念一发，则其几已动了。或要为善，或要为恶，自己看的甚是明白。是天下之至见者，莫过于隐；而天下之至显者，莫过于微也。这个便是人所不知而自己独知的去处，乃善恶之所由分，最为要紧。所以，体道君子于静时虽已尝戒慎恐惧，而于此独知之地，更加谨慎，不使一念之不善者，得以潜滋暗长于隐微之中，以至于离道之远也。

夫存养省察，动静无间，道岂有须臾之离哉？

喜怒哀乐之未发，谓之中；发而皆中节，谓之和。中也者，天下之大本也；和也者，天下之达道也。

【注】

① 彝伦：伦常、纲纪。

解 中节，是合着当然的节度。本，是根本。达，是通行的意思。道，是道路。子思承上文发明"道不可离"之意说道，凡人每日间与事物相接，顺着意便欢喜，拂着意便恼怒，失其所欲便悲哀，得其所欲便快乐，这都是人情之常。当其事物未接之时，这情未曾发动，也不着在喜一边，也不着在怒一边，也不着在哀与乐一边，无所偏倚，这叫做"中"。及其与事物相接，发动出来，当喜而喜，当怒而怒，当哀而哀，当乐而乐，一一都合着当然的节度，无所乖戾，这叫做"和"。然这中即是天命之性，乃道之体也。虽是未发，而天下之理皆具，凡见于日用彝伦①之际，礼乐刑政之间，千变万化，莫不以此为根底，譬如树木的根本一般，枝枝叶叶都从这里发生，所以说"天下之大本也"。这和，即是率性之道，乃道之用也。四达不悖，而天下古今之人，皆所共由，盖人虽不同，而其处事当顺正，其应物皆当合理。譬如通行的大路一般，人人皆在上面往来，所以说"天下之达道也"。

夫道之体用，不外于心之性情如此。若静而不知所以存之，则失其中，而大本不立；动而不知所以察之，则失其和，而达道不行矣。此道之所以不可须臾离也。

致中和，天地位焉，万物育焉。

解 这一节是体道的功效。致，是推到极处。位，是安其所。育，是遂其生。子思说，"中"固为天下之大本，然使其所存者少有偏倚，则其中犹有所未至也；"和"固为天下之达道，然使其所发者少有乖戾，则其和犹有所未至也。故必自不睹不闻之时，所以戒慎恐惧者，愈严愈敬，以至于至静之中，无有一些偏倚，是能推到中之极处，而大本立矣。尤于隐幽独之际，所以谨其善恶之几者，愈精愈密以至于应物之处，无有一些差谬，是能推到和之极处，而达道行矣。由是吾之心正，而天地之心亦正；吾之气顺，而天地之气亦顺。七政不愆①，四时不忒②，山川岳渎③，各得其常，而天地莫不安其所矣。少有所长，老有所终，动植飞潜④，咸⑤若其性，而万物莫不遂其生矣。盖天地万物，本吾一体，而中和之理，相为流通，故其效验至于如此。然则尽性之功夫，人可不勉哉？

右第一章。

【注】
① 七政：即七曜，分别是荧惑星（火星）、辰星（水星）、岁星（木星）、太白星（金星）、镇星（土星）、太阳星（日）、太阴星（月）。
② 愆：过失。忒：差错。
③ 岳渎：五岳（东岳泰山、西岳华山、北岳恒山、南岳衡山，中岳嵩山）和四渎（长江、黄河、淮河、济水）的并称。
④ 动植飞潜：飞，天上飞的飞禽；潜，水中游的动物；泛指各种动植物。
⑤ 咸：都。

第二章

仲尼曰："君子中庸，小人反中庸。"

解 仲尼，是孔子的字。反，是违背。子思引孔子之言说道，中庸是不偏不倚、无过不及、平常的道理，虽为人所同有，然惟君子为能体之，其日用常行，无不是这中庸的道理。若彼小人便不能了，其日用常行，都与这中庸的道理相违背矣。

君子之中庸也，君子而时中。小人之反中庸也，小人而无忌惮也。

解 时中，是随时处中。子思解释孔子之言说道，中庸之理，人所同得，而惟君子能之，小人不能者何故？盖人之体道不过动静之间，君子所以能中庸者，以其戒慎不睹、恐惧不闻，既有了君子之德，而应事接物之际，又能随时处中，此其所以能中庸也。小人之所以反中庸者，以其静时不知戒慎恐惧，所存者既是小人之心，而应事接物之际，又肆欲妄行，无所忌惮，此其所以反中庸也。

　　君子小人，只在敬、肆之间而已。

右第二章。

第三章

子曰："中庸其至矣乎！民鲜能久矣。"

解 至，是极至。鲜，是少。子思引孔子之言说，天下之事，但做的过了些，便为失中；不及些，亦为未至，皆非尽善之道。惟中庸之理，既无太过，亦无不及，只是日用常行，而其理自不可易，乃天理人情之极致，尽善尽美而无以复加者也。然这道理，人人都有，本无难事，但世教衰微，人各拘于气禀，囿于习俗，而所知所行不流于太过，则失之不及，少有能此中庸者，今已久矣。

右第三章。

第四章

子曰："道之不行也，我知之矣。知者过之，愚者不及也。道之不明也，我知之矣。贤者过之，不肖者不及也。"

解 子思引孔子之言，以明中庸鲜能之故，说道，这中庸的道理，就如大路一般，本是常行的，今乃不行于天下，我知道这缘故。盖人须是认得这道路，方才依着去行，而今人的资质，有生得明智的，深求隐僻，其知过乎中道，既以中庸为不足行；那生得愚昧的，安于浅陋，其知不及乎中道，又看这道理是我不能行的，此道之所以常不行也。这道又如白日一般，本是常明的，今乃不明于天下，我知道这缘故。盖人须是行过这道路，方才晓得明白，而今人的资质，有生得贤能的，好为诡异，其行过乎中道，既以中庸为不足知；那生得不肖的，安于卑下，其行不及乎中道，又看这道理是我不能知的，此道之所以常不明也。

"人莫不饮食也，鲜能知味也。"

解 孔子又说，那知愚、贤不肖之过、不及，虽是他资质如此，却也是不察之过。盖道率于性，乃人生日用之不能外者，其中事事物物都有个当然之理，便叫做中；但人由之而不察，是以陷于太过、不及而失其中。如饮食一般，人于每日间谁不饮食？只是少有能知其滋味之正者。若饮食而能察，则不出饮食之外，而自得其味之正。由道者而能察，则亦不出乎日用之外，而自得乎道之中矣。

右第四章

第五章

子曰：“道其不行矣夫。”

解 孔子说，中庸之道，因是不明于天下，是以不行于天下。

子思引之，盖承上章启下章之意。

右第五章

第六章

子曰："舜其大知也与？舜好问而好察迩言，隐恶而扬善，执其两端，用其中于民。其斯以为舜乎？"

解 前章说道之所以不明不行，此章举大舜之事，以见其能知能行也。察，是审察。迩言，是浅近的言语。隐，是隐匿。扬，是播扬。执，是持。两端，是众论不同的极处。中，是恰好的道理。"民"字，解做"人"字，古"民""人"字通用，如先民、天民、逸民之类。子思引孔子之言说，人非明知无以见天下的道理，然有大知有小知，若古之帝舜，其为大知也与，何以见之？盖天下之义理无穷，而一人之知识有限，若自用而不取诸人，其知便小了。舜则不然，但凡要处一件事，不肯自谓这件事情我已知道了，必切切然访问于人，说这事该如何处。问来的言语，不但深远的去加察，虽是极浅近的，也细细的审察，恐其中亦有可采处，不致忽也。于所问所察之中，虽有说得不当理的，只是不用他便了，初未尝宣露于人，恐沮其来告之意。若说得当理的，则不但用其言，又向人称述嘉奖他，以坚其乐告之心。然其言之当理者，固在所称许，而其中或有说得太过些的，或有不及些的，未必合于中也。于是就众论不同之中，持其两端而权衡量度，以求其至当归一者而后用之，这至当归一处，叫做中。然这中亦只是就众人所说的，裁择而用之，舜未尝以一毫之己意与其间也，所以说"用其中于民"。夫舜，大圣人也，今之言舜者，必将谓其聪明睿知，有高天下而不可及者。今观舜之处事，始终只是用人之长，无所意必。盖不恃一己之聪明，而以天下之聪明为聪明，故其聪明愈广；不恃一己之智识，而以天下之智识为智识，故其智识愈大。舜之所以为舜者，其以是乎？

此知之所以无过、不及，而道之所以行也。孟子说，舜自耕稼陶渔，以至于为帝，无非取诸人者，亦是此意。此一章书于治道尤切，万世为君者，所当法也。

右第六章

第七章

子曰:"人皆曰予知,驱而纳诸罟擭陷阱之中,而莫之知辟也。人皆曰予知,择乎中庸,而不能期月守也。"

解 驱,是逐。罟(gǔ),是网。擭(huò),是机槛。陷阱,是掘的坑坎,皆所以掩取禽兽者。期月,是满一月。子思引孔子之言说,如今的人,与他论利害,个个都说我聪明有知,既是有知,则祸机在前,自然晓得避了,却乃见利而不见害,知安而不知危,被人驱逐在祸败之地,如禽兽落在网罟陷阱里一般,尚自恬然,不知避去,岂得为知?就如而今的人,与他论道理,也都说我聪明有知,既是有知,便有定见,有定见便有定守,今于处事之时,才能辨别出个中庸的道理来,却又持守不定,到不得一月之间,那前面的意思就都遗失了。如此,便与不能择的般,岂得为知?

惟其知之不明,是以守之不固,此道之所以不明也。

右第七章。

第八章

子曰："回之为人也，择乎中庸，得一善，则拳拳服膺而弗失之矣。"

解 回，是孔子弟子，姓颜名回。 择，是辨别。 善，即是中庸之理。 拳拳，是恭敬奉持的意思。 服，是着。 膺，是胸。 孔子说，天下事事物物都有个中庸的道理，只是人不能择，那能择的，又不能守。 独有颜回之为人，他每日间就事事物物上仔细详审，务要辨别个至当恰好的道理，但得了这一件道理，便去躬行实践，拳拳然恭敬奉持着在心胸之间，守得坚定，不肯顷刻忘失了。

这是颜回知得中庸道理明白，故择之精而守之固如此。 此行之所以无过不及，而道之所以明也。

右第八章。

第九章

子曰:"天下国家可均也,爵禄可辞也,白刃可蹈也,中庸不可能也。"

解 均,是平治。蹈,是践履的意思。孔子说,天下国家,事体繁难,人民众多,虽是难于平治,然人有资质明敏近于知的,也就可以平治得,这个不为难事;爵禄人所系恋,虽是难于辞却,然人有资质廉洁近于仁的,也可以辞得,这个亦不为难事;白刃在前,死生所系,虽是难于冒犯,然人有资质强毅近于勇的,他也可蹈白刃而不惧,这个也不为难事。惟是中庸的道理,不偏不倚,无过不及,本是人日用常行的,看着恰似容易,然非义精仁熟,而无一毫人欲之私者,则知之未真,守之未定,不是太过,便是不及,求其不偏不倚,而至当精一,岂易能哉?所以说"中庸不可能也"。

惟其难能,此民之所以鲜能,而有志于是者,不可不实用其力矣。

右第九章。

第十章

子路问强。子曰:"南方之强与? 北方之强与? 抑而强与?"

解 此承上章中庸不可能而言,须是有君子之强,方才能得。子路,是孔子弟子。"而"字,解做"汝"字。子路平日好勇,故问孔子说,如何叫做刚强? 孔子答他说,这强有三样:有一样是南方人的强,有一样是北方人的强,有一样是汝等学者的强。不知你所问的,是南方人之强欤? 是北方人的强欤? 抑或是汝学者之所当强者欤?

"宽柔以教,不报无道,南方之强也,君子居之。"

解 宽,是含容。柔,是巽顺。无道,是横逆不循道理的。居,是处。孔子告子路说,如何是南方之强? 彼人有不及的,我教诲之,就是他不率教,也只含容巽顺慢慢底化导他。人有以横逆加我的,我但直受之,虽被耻辱,也不去报复他,这便是南方之强。盖南方风气柔顺,故其人能忍人之所不能忍,而以含忍之力胜人为强,然犹近于义理,有君子之道焉,故"君子居之"。这一样强,是不及乎中庸者,非汝之所当强也。

"衽金革,死而不厌,北方之强也,而强者居之。"

解 衽(rèn),是卧的席。金,是刀枪之类。革,是盔甲之类。孔子又告子路说,如何是北方之强? 那刀枪盔甲是征战厮杀的凶器,人所畏怕的,今乃做卧席一般，恬然安处，就是战斗而死也无厌悔之意，这便是北方之强。盖北方风气刚劲，故其人能为人之所不敢为，而以果敢之力胜人为强，然纯任血气，不顾义理，乃强者之事也，故"强者居之"。这一样强，是过乎中庸者，亦非汝之所当强也。

"故君子和而不流，强哉矫。中立而不倚，强哉矫！国有道，不变塞焉，强哉矫。国无道，至死不变，强哉矫！"

解 这一节是说学者之所当强。矫，是强健的模样。强哉矫，是赞叹之辞。倚，是偏着。变，是改变。塞，是未达。孔子说，常人之所谓强者，在能胜人，而君子之所谓强者，在能以义理自胜其私欲，使义理常伸，而不为私欲所屈，才是君子之强，而非如南方、北方之囿于风气者可比也；且如处人贵和，而和者易至于流，而君子之处人，蔼然可亲，而其中自有个主张，决不肯随着人做一些不好的事，此非以义理自胜其私欲者不能也，所以说"强哉矫"。处己贵于中立，而中立易至于倚；君子之处己，卓然守正而始终极其坚定，决不致欹（qī）邪倾侧，倚靠在一边，此非以义理自胜其私欲者不能也，所以说"强哉矫"。人于未达时，也有能自守的，及其既达，便或改变了；君子当国家有道，达而富贵，必以行道济时为心，不肯便生骄溢，变了未达时的志行，此非以义理自胜其私欲者不能也，所以说"强哉矫"。人处顺境时，也有能自守的，及至困厄，便或改变了；君子当国家无道，穷而困厄，只以守义安命为主，便遇着大祸患至于死地，也不肯改了平生的节操，此非以义理自胜其私欲者不能也，所以说"强哉矫"。君子之强如此，天下之物无有能屈之者矣，岂非汝等学者之所当强者哉？子思引孔子之言如此，以见必有此强，然后能体中庸之道也。

右第十章。

第十一章

子曰："素隐行怪，后世有述焉，吾弗为之矣。"

解 "素"字当作"索"字，索是求。隐，是隐僻。怪，是怪异。述，是称述。子思引孔子之言说，世间有一等好高的人，于日用所当知的道理，以为寻常不足知，却别求一样深僻之理，要知人之所不能知；于日用所当行的道理，以为寻常不足行，却别做一样诡异之行，要行人之所不能行。以此欺哄世上没见识的人，而窃取名誉，所以后世也有称述之者，此其知之过而不择乎善，行之过而不用乎中，不当强而强者也。若我则知吾之所当知，行吾之所能行，这素隐行怪之事，何必为之哉？所以说"吾弗为之矣"。

"君子遵道而行，半途而废，吾弗能已矣。"

解 遵，是循。道，是中庸之道。途，是路。废，是弃。已，是止。孔子说，那索隐行怪的人，固不足论，至于君子，择乎中庸之道，遵而行之，已自在平正的大路上走了，却乃不能实用其力，行到半路里，便废弃而不进，此其知虽足以及之，而行有不逮，当强而不强者也。若我则行之于始，必要其终，务要到那尽头的去处，岂以半途而自止乎？所以说"吾弗能已矣"。

"君子依乎中庸，遁世不见知而不悔，惟圣者能之。"

解 依，是随顺不违的意思。 遁，是隐遁。 悔，是怨悔。 孔子说，前面太过、不及的，都非君子之道。 若是君子，他也不去索隐，也不去行怪，所知所行，一惟依顺着这中庸的道理，终身居之以为安，又不肯半途便废了，虽至于隐居避世，全不见知于人，他心里确然自信，并无怨悔之意。 此乃智之尽，仁之至，不赖勇而裕如者，这才是中庸之成德。 然岂我之所能哉？ 惟是德造其极的圣人，然后能之耳。

然夫子既不为"索隐行怪"，则是能"依乎中庸"矣。 既不半途而止，则自能"遁世不见知而不悔"矣。 圣虽不以自居，而其实岂可得而辞哉？

右第十一章。

第十二章

君子之道，费而隐。

解 道，即是中庸之道，惟君子为能体之，所以说君子之道。 费，是用之广。隐，是体之微。 子思说，君子之道，有体有用，其用广大而无穷，其体则微密不可见也。

夫妇之愚，可以与知焉，及其至也，虽圣人亦有所不知焉。 夫妇之不肖，可以能行焉，及其至也，虽圣人亦有所不能焉。 天地之大也，人犹有所憾。 故君子语大，天下莫能载焉；语小，天下莫能破焉。

解 子思承上文说，这中庸之道，虽不出平日用事物之常，而实通极乎性命精微之奥。 以知而言，虽匹夫匹妇之昏愚者，也有个本然的良知，于凡日用常行的道理，他也能知得；若论到精微的去处，则虽生知的圣人，亦不能穷其妙也。 以行而言，虽匹夫匹妇之不肖者，也有个本然的良能，于凡日用常行的道理，他也能行得；若论到高远的去处，则虽安行的圣人，亦不能造其极也。 不但圣人，虽天地如此其大也，然而或覆载生成之有偏，或寒暑灾祥之失正，亦不能尽如人意，而人犹有怨憾之者。 夫近自夫妇之所能知能行，远而至于圣人天地之所不能尽，可见道无所不在矣。 故就其大处说，则其大无外，天下莫能承载得起。 盖虽天地之覆载，亦莫非斯道之所运用也，岂复有出于其外而能载之者乎？就其小处说，则其小无内，天下莫能剖破得开。盖虽事物之细微，亦莫非斯道之所贯彻也，又孰有入于其内而能破之者乎？

君子之道如此，可谓费矣。而其所以然者，则隐而莫之见也，所以说"君子之道，费而隐"。

《诗》云："鸢飞戾天，鱼跃于渊。"言其上下察也。

解 《诗》，是《大雅·旱麓》篇。鸢，是鸟之类。戾，是至。渊是水深处。"其"字，指此理说。察，是昭著。诗人说，至高莫如天，而鸢之飞则至于天；至深莫如渊，而鱼之跃则在于渊。

子思解说，天地之间无非物，天下之物无非道。《诗》所谓"鸢飞戾天"者，是说道之昭著于上也；"鱼跃于渊者"，是说道之昭著于下也。盖化育流行，充满宇宙，无高不届，无深不入。举一鸢而凡成象于天者，皆道也；举一鱼而凡成形于地者，皆道也。道无所不在如此，可谓费矣。

而其所以然者，则非见闻所及，岂不隐乎？

君子之道，造端乎夫妇；及其至也，察乎天地。

解 造端，是起头的意思。至，是尽头的意思。子思又总结上文说道，道之在天下，虽以夫妇之愚不肖，也有能知能行的；虽以圣人天地之大，也有不能尽的。这等看来，可见君子之道自其近小而言，则起自夫妇居室之间而无所遗；若论到尽头的去处，则昭著于天高地下之际而无所不有。所以君子戒惧慎独，从夫妇知能的做起，以至于位天地、育万物，则道之察乎天地者在我矣。

右第十二章。

第十三章

子曰："道不远人，人之为道而远人，不可以为道。"

解　子思引孔子之言说，所谓率性之道，只在君臣、父子、夫妇、长幼、朋友之间，固众人之所能知能行而未尝远于人也。人之为道者，能即此而求，便是道了。若或厌其卑近，以为不足为，却乃离了君臣、父子、夫妇、长幼、朋友之间，而务为高远难行之事，则所知所行，皆失真过当而不由夫自然，岂所谓率性之道哉？所以说"不可以为道"。

"《诗》云：'伐柯伐柯，其则不远。'执柯以伐柯，睨而视之，犹以为远。故君子以人治人，改而止。"

解　《诗》是《豳风·伐柯》篇。伐，是砍木。柯，是斧柄。则，是样子。睨，是邪视。以，是用。诗人说，手中执着斧柄，去砍木做斧柄，其长短法则，不必远求，只手中所执的便是。

孔子说，执着斧柄去砍斧柄，法则虽是不远，然毕竟手里执的是一件，木上砍的又是一件，自伐柯者看来犹以为远。若君子之治人则不然，盖为人的道理就在各人身上，是天赋他原有的，所以君子就用人身上原有的道理去责成人，如责人之不孝，只使之尽他本身上所有的孝道。责人之不弟（tì），只使之尽他本身上所有的弟道，其人改而能孝能弟，君子便就罢了，更不去分外过求他。推之凡事，莫不如此。这是责之以其所能知能行，非欲其远人以为道也。

"忠恕违道不远，施诸己而不愿，亦勿施于人。"

解 尽己之心，叫做忠；推己及人，叫做恕。违，是彼此相去的意思。道，是率性之道。孔子说，道不远人，但多蔽于私意，惟知有己而不知有人，所以施于人者，不得其当，而去道远矣。若能尽己之心，而推以及人，虽是物我之间，未能浑化而两忘，然其克己忘私，去道亦不相远矣。忠恕之事何如？如人以非礼加于我，我心所不愿也，则以己之心度人之心，知其与我一般，亦不以非礼加之于人，这便是忠恕之事。以此求道，则施无不当，而其去道不远矣。

"君子之道四，丘未能一焉：所求乎子以事父，未能也；所求乎臣以事君，未能也；所求乎弟以事兄，未能也；所求乎朋友先施之，未能也。庸德之行，庸言之谨；有所不足，不敢不勉；有余不敢尽。言顾行，行顾言。君子胡不慥慥尔。"

解 求，是责望人的意思。先施，是先加于人。庸，是平常。行，是践其实。谨，是择其可。慥（zào）慥，是笃实的模样。孔子说，君子之道有四件，我于这四件道理，一件也不能尽得，四者谓何？如为子之道在于孝，我之所责乎子者，固欲其孝，然反求诸己，所以事吾父者，却未能尽其孝也；为臣之道在于忠，我之所责乎臣者，固欲其忠，然反求诸己，所以事吾君者，却未能尽其忠也；为弟（tì）之道在于恭，我之所责乎弟者，固欲其尽恭于我，然反求诸己，所以事吾兄者，却未能尽出于恭也；朋友之道在于信，我之所责乎朋友者，固欲其加信于我，然反求诸己，所以先施于彼者，却未能尽出于信也。君子之道我固未能矣，然亦不敢不以此自修。盖这孝弟忠信，本是日用平常的道理，以是道而体诸身，谓之庸德。庸德则行之而皆践其实；

以是道而发于口，谓之庸言。庸言则谨之而惟择其可，然行常失于不足，有不足处不敢不勉力做将去，如此则行亦力。言常失于有余，若有余处不敢尽底说将出来，如此则谨益至。谨之至，则说出来的，都与所行的相照顾，无有言过其实者矣；行之力，则行将去的，都与所言的相照顾，无有行不逮言者矣。言行相顾如此，岂不是慥慥笃实之君子乎？此我之所当自修者也。

这一节说道只在子、臣、弟、友、庸言、庸行之间，是"道不远人"；说以责人者责己，要言行相顾，是不远人以为道之事。

右第十三章。

第十四章

君子素其位而行，不愿乎其外。

解 素，是见在的意思。位，是所居的地位。愿，是愿慕。外，是本分之外。子思说，人之地位不同，然各有所当行的道理，若不能自尽其道，而分外妄想，便不是君子了。君子但因其见在所居的地位，而行其所当行的道理，未尝于本分之外，别有所愿慕。

盖本分之内，其道皆不易尽，既欲尽道其间，自不暇乎其外也。

素富贵，行乎富贵；素贫贱，行乎贫贱；素夷狄，行乎夷狄；素患难，行乎患难。君子无入而不自得焉。

解 自得，是安舒的意思。子思说，人之所遇，有顺逆之不同，唯君子能随寓而尽其道。如见在富贵，便行处富贵所当为的事，而不至于淫；见在贫贱，便行处贫贱所当为的事，而不至于滥；或见在夷狄，便行处夷狄所当为的事，而不改其行；或见在患难，便行处患难所当为的事，而不变其守。身之所处虽有不同，而君子皆尽其当为之道，道在此，则乐亦在此，盖随在而皆宽平安舒之所也。所以说"无入而不自得焉"，上文所谓素位而行者盖如此。

在上位，不陵下；在下位，不援上。正己而不求于人，则无怨。

上不怨天，下不尤人。

解 陵，是陵虐。援，是攀援。怨，是怨恨。尤，是归罪于人的意思。子思说，所谓君子之心"不愿乎其外"者，何以见之？大凡人居上位，则好作威以陵乎下；居下位，则好附势以援乎上。君子则不然，他虽在上位，也不肯陵虐那在下的人；虽在下位，也不肯攀援那在上的人。夫陵下不从，必怨其下；援上不得，必怨其上。今在上、在下但知正己而无所求取于人如此，则又何怨之有？但见心中泰然，虽上而不得于天，也只顺受其正，而无所怨憾于天；虽下而不合于人，也只安于所遇，而无所罪尤于人。

盖既无所求，则自不见其相违，既不见其相违，则自无所怨尤矣。君子之心"不愿乎其外"如此。

故君子居易以俟命，小人行险以徼幸。

解 易，是平地。俟，是等待。命，是天命。险，是不平稳的去处。徼，是求。幸，是不当得而得的。子思承上文说，君子惟素位而行，故随其所寓，都安居在平易的去处。其穷通、得丧，听候着天命，无有慕外的心。小人却有许多机械变诈，常行着险阻不平稳的去处，而妄意分外趋利避害，以求理之不当得者。君子、小人其不同如此。

子曰:"射有似乎君子，失诸正鹄，反求诸其身。"

解 正、鹄（gǔ），都是射箭的把子，画在布上叫做正，栖在皮上叫做鹄。孔子说，射箭虽是曲艺，然有似乎君子，何以见之？盖君子凡事只是正己而不求于人，那射箭的，若失了正鹄不中，只是反求诸己，射的不好，更不怨那胜己的人，这即是正己而无求于人的意思，所以说"射有似乎君子"。

子思引此以结上文素位而行，不愿乎外之意。

右第十四章。

第十五章

君子之道，辟如行远必自迩，辟如登高必自卑。

解 迩，是近处。卑，是低处。子思说，君子之道，虽无所不在，而求道之功，则必以渐而进，谨于日用常行之间，而后可造于尽性至命之妙，审于隐微幽独之际，而后可收夫中和、位育之功。譬如人要往远处去，不能便到那远处，必先从近处起，一程一程行去，然后可以至于远；譬如人要上高处去，不能便到那高处，必先从低处起，一步一步上去，然后可以升于高。

君子之道，正与行远登高的相似，未有目前日用隐微处有不合道，而于高远之事方能合道者也，然则有志于高远者，当知所用力矣。

《诗》云："妻子好合，如鼓瑟琴。兄弟既翕，和乐且耽。宜尔室家，乐尔妻帑。"子曰："父母其顺矣乎！"

解 鼓，是弹。瑟、琴，都是乐器。翕，是合。耽，是久。帑（nú），是子孙。顺，是安乐的意思。子思承上文说进道有序，故引《小雅》之诗说道，人能于闺门之内，妻子情好契合，如鼓瑟琴一般，无有不调合处。兄弟之间，翕然友爱，既极其和乐，又且久而不变，则能宜尔之室家，乐尔之妻帑矣。《诗》之所言如此。

孔子读而赞叹之说道，人惟妻子不和，兄弟不宜，多贻父母之忧。今能和于妻子，宜于兄弟，一家之中，欢欣和睦如此，则父母之心，其亦安乐而无忧矣乎。

夫以一家言之，父母是在上的，妻子兄弟是在下的，今由妻子兄弟之和谐，遂致父母之安乐，是亦行远自迩、登高自卑之一验也。 然则学者之于道，岂可不循序而渐进哉？

右第十五章。

第十六章

子曰：“鬼神之为德，其盛矣乎！”

🔶 鬼神，即是祭祀的鬼神，如天神、地祇、人鬼之类。为德，犹言性情功效。孔子说，鬼神之在天地间，微妙莫测，神应无方，其为德也，其至盛而无以加乎。其义见下文。

“视之而弗见，听之而弗闻，体物而不可遗。”

🔶 孔子说，何以见鬼神之德之盛？盖天下之物，凡有形者皆可见，惟鬼神无形，虽视之不可得而见也；凡有声者皆可闻，惟鬼神无声，虽听之不可得而闻也。然鬼神虽无形无声，而其精爽灵气昭著于人心目之间，若有形之可见、声之可闻者，不可得而遗忘之也。夫天下之物涉于虚者，则终于无而已矣；滞于迹者，则终于有而已矣。若鬼神者，自其不见不闻者言之，虽入于天下之至无，自其体物不遗者言之，又妙乎天下之至有，其德之盛为何如哉？然其所以然者，一实理之所为也。

“使天下之人齐明盛服，以承祭祀。洋洋乎如在其上，如在其左右。”

🔶 齐（zhāi），是斋戒。明，是明洁。盛，是盛美的祭服。洋洋，是流动充满的意思。左右，是两旁。孔子说，何以见鬼神之“体物而不可遗”？观于祭祀的时节，能使天下的人不论尊卑上下，莫不斋明以肃其内，盛服以肃其外，恭敬奉承以供祭祀。当此之时，但见那鬼神的精灵，洋洋乎流动充满，仰瞻于上，便恰似在上面的一般；顾瞻于旁，便恰似在左右的一般。

夫鬼神无形无声，岂真在其上下左右哉？但其精灵昭著，能使天下之人肃恭敬畏，俨然如在如此。所谓体物不遗者，于此可验矣。

"《诗》曰：'神之格思，不可度思，矧可射思！'"

解 《诗》是《大雅·抑》之篇。格，是来。度，是测度。"矧（shěn）"字，解做"况"字。射，是厌怠。三个"思"字，都是助语词。孔子又引《大雅·抑》之篇说道，神明之来也，不可得而测度，虽极其诚敬以承祭祀，尚未知享与不享，况可厌怠而不敬乎？

观于此诗，则鬼神能使人畏敬奉承，而发见昭著者为有征矣。

"夫微之显，诚之不可掩如此夫！"

解 诚，是实理。孔子说，鬼神不见不闻，可谓微矣。然能体物不遗，又如是之显，何哉？盖凡天下之物，涉于虚伪而无实者，到底只是虚无，何以能显？惟是鬼神，则实有是理，流行于天地之间，而司其福善祸淫之柄，故其精爽灵气，发见昭著而不可掩也如此夫。

看来《中庸》一篇书，只是要人以实心而体实理，以实功而图实效，故此章借鬼神之事以明之。盖天下之至幽者，莫如鬼神，而其实不可掩。如此可见，天下之事诚则必形，不诚则无物矣。然则人之体道者，可容有一念一事之不实哉？

右第十六章

第 十 七 章

【注】
① 歆飨：指鬼神享受祭祀供品。

子曰："舜其大孝也与！德为圣人，尊为天子，富有四海之内。宗庙飨之，子孙保之。"

解　子思引孔子之言说，凡为人子者，皆当尽孝道以事其亲。然孝有大有小，若古之帝舜，其为大孝也与，何以见其孝之大？夫为人子者，非德不足以显亲，舜则生知安行，德为圣人，是所以显其亲者，何其至也！非贵不足以尊亲，舜则受尧之禅，尊为天子，是所以尊其亲者，何其至也！非富不足以养亲，而舜则富有四海之内，以天下养，是所以养其亲者，何其至也！又且上祀祖考以天子之礼，而宗庙之歆飨① 无已，所以光乎其前者，又如是之隆。下封子孙为诸侯之国，而基业之传续无穷，所以裕乎其后者，又如是之远。

夫舜之德福兼隆如此，则所以孝其亲者，实有出于常情愿望之外者矣，此其所以为大孝欤！

"故大德必得其位，必得其禄，必得其名，必得其寿。"

解　孔子说，舜之德福兼隆，固所以为大孝。然自常人看来，福是天所付与，却似偶然得之，不可取必的一般。不知德乃福之本，福乃德之验，如影之随形，飨之应声，盖理之必然者也。故舜既有圣人的大德，感格于天，必然贵为天子，得天下之位；必然富有四海，得天下至厚之禄；必然人人称颂，得显著的声名；必然多历年，所以得长久的寿数。

盖舜虽无心于求福，而福自应之如此，此所以能成其大孝也。

"故天之生物，必因其材而笃焉。故栽者培之，倾者覆之。"

解 材，是材质。笃，是加厚。栽，是栽植。培，是滋养。倾，是倾仆。覆，是覆败。孔子说，舜以大德而获诸福之隆，非天有私于舜，乃理之自然者耳。观于天道之生万物，必各因其本。然之材质而异其所加，如根本完固，栽植而有生意的，便从而培养之，雨露之所润，日月之所照，未有不滋长者；根本摇动，倾仆而无生意的，便从而覆败之，霜雪之所被，风寒之所折，未有不覆败者。或培或覆，岂是天有意于其间？皆物之自取耳。

"《诗》曰：'嘉乐君子，宪宪令德！宜民宜人，受禄于天。保佑命之，自天申之。'"

解 《诗》，是《大雅·嘉乐》之篇。令，是善。申，是重。孔子又引《诗》说，可嘉可乐的君子，有显显昭著的美德，既宜于在下之民，又宜于在位之人，以此能受天之禄，而为天下之主。天既从而保佑之，又从而申重之，使他长享福禄于无穷也。

"故大德者必受命。"

解 受命，是受天命为天子。孔子承上文又总论说，由天生物之理与诗人之言观之，可见有大德的圣人必然受皇天的眷命而为天子，今舜既有是大德，正所谓物之栽者也，君子之嘉乐者也。则其受上天笃厚申重之命，而享禄位名寿之全，固理之必然者耳，尚何疑哉？

右第十七章。

第十八章

子曰："无忧者，其惟文王乎！以王季为父，以武王为子。父作之，子述之。"

解 这一节是说周文王的事。作，是创始。述，是继述。子思引孔子之言说，自古帝王创业守成，皆未免有不足于心的去处。有所不足，则生忧虑，若是无所忧虑者，其惟周之文王乎？何以见之？凡前人不曾造作，自己便有开创之劳；后人不堪承继，将来便有废坠之患。二者皆可忧也。惟是文王以王季之贤为之父，以武王之圣为之子，王季积功累仁，造周家之基业，将文王要做的事预先做了，这是"父作之"；武王继志述事，集周家之大统，将文王未成的事都成就了，这是"子述之"。

既有贤父以作之于前，又有圣子以述之于后，文王之心更无有一些不足处，此其所以无忧也。

"武王缵大王①、王季、文王之绪，壹戎衣而有天下，身不失天下之显名，尊为天子，富有四海之内，宗庙飨之，子孙保之。"

解 这一节是说武王的事。缵，是继。大王，是武王的曾祖。王季，是武王的祖。文王，是武王的父。绪，是功业。戎衣，是盔

【注】
① 大（tài）王：太王，下同。② 丕承：旧谓帝王承天受命。

甲之类。孔子说，周自大王始基王迹，王季勤劳王家，文王三分天下有其二，那时天命人心去商归周，王业已是有端绪了，但未得成就。及至武王，能继志述事，缵承大王、王季、文王的功业，因商纣之无道，举兵而伐之，以除暴救民，只壹着戎衣还定了天下。夫以下伐上，其事不顺，其名不美，宜乎失了天下的显名，然那时诸侯率从，万姓悦服，人人爱戴称美他，并不曾失了光显的名誉，其得人心如此。以言其尊，则居天子之位，天下的臣民都仰戴他；以直其富，则尽有四海之内，天下的贡赋都供奉他。上而祖宗，则隆以王者之称，祀以天子之礼，自文王以前，都得歆飨其祭祀；下而子孙，则传世三十，历年八百，自成康以后，都得保守其基业。其得天眷又如此。

盖武王之有天下，一则承祖宗之业而不敢废，一则顺天人之心而不敢违。此其善述之孝，丕承②之烈，所以后世莫及也。

"武王末受命，周公成文、武之德，追王大王、王季，上祀先公以天子之礼。斯礼也，达乎诸侯、大夫及士、庶人。父为大夫，子为士，葬以大夫，祭以士。父为士，子为大夫，葬以士，祭以大夫。期之丧，达乎大夫；三年之丧，达乎天子；父母之丧，无贵贱，一也。"

解 这一节是说周公的事。末，是老年。孔子说，先时文王未为天子，于一应礼制，拘于势分而不得为。武王年老，才受天命，日不暇给，虽得为而不及为，是文王、武王尊祖孝亲之德，尚有所为而未遂者。至周公辅相成王，才一一都成就之。如古公、季历是文王的父祖，周公于是推文、武之意而追王之，尊古公为大王，尊季历为王季，生前只是侯爵，如今加称尊号，则文王、武王之心，至是而慰矣。周之先公自组绀^①以上至以后稷^②，又是大王、王季的父祖，于是又推大王、王季之意，以天子之礼祀之，礼陈九献之仪，舞用八佾之数，当初祭以诸侯，如今祭以天子，则大王、王季之心，至是而慰矣。然不惟自尽其孝而已，又以天下之人虽名分不同，贵贱有等，他那孝亲报本之心，也与我一般，于是以所制之礼，推而下达乎诸侯、大夫及士庶人，使人皆得随分以尽其孝。如父做大夫，子做士，父没之时，葬固以大夫之礼，而祭则以士之礼；如父做士，子做大夫，父没之时，葬固以士之礼，而祭则以大夫之礼。盖葬从其爵，贻死者以安也；祭从其禄，伸生者之情也。又制为丧服之礼，期年的丧服，下自庶人上达乎大夫，犹通行之，天子诸侯便不行了。盖伯叔、昆弟^③之丧，犹可伸以贵贱之义，所谓亲不敌贵也。若三年之丧服，则下自庶人上达乎天子，皆通行之，何也？三年之丧父母之丧也，"子生三年，然后免于父母之怀"^④，恩义至重，无贵无贱，都是一般，所谓贵不敌亲也。

夫追崇之礼，行于王朝；丧祭之礼，达乎天下。孝心上下融彻，礼制上下通行，周公之所以成文武之德者如此。

右第十八章。

【注】

① 组绀（gàn）：周代先祖，组绀生太王亶父，亶父生季历，季历生文王。② 后稷：姬姓，名弃，周族始祖，父为帝喾，母为姜嫄，尧舜时，为司农之神，有相地之宜，善种谷物，教民耕种与稼穑之术。③ 昆弟：兄弟。④ "子生三年，然后免于父母之怀"句：见《论语·阳货》。

第十九章

子曰:"武王、周公,其达孝矣乎!"

解 达,是通。达孝,是通天下之人都谓之孝。子思引孔子之言说,凡人之孝,止于一身一家,而未必能通乎天下。惟是武王周公,不惟自己能尽孝亲的道理,又能推以及入之亲,礼制大备,使人人皆得以尽其孝,所以通天下之人,都称他孝而无有间然者,岂不谓之达孝矣乎?

"夫孝者,善继人之志,善述人之事者也。"

解 善,是能。继,是继述。志,是心之所欲者。述,是传述。事,是所已行者。两个"人"字,都是指前人而言。孔子说,武王、周公所以为达孝者,无他,以其能继志而述事也。盖前人之心志有所欲为的,虽是不能遂意,也望后人去承继他,武王、周公便能委曲成就,念念要接续前人的意向,不使他泯灭了,这是善继其志。前人之行事,有所已为的,虽是不曾成功,也望后人去传述他,武王周公便能斟酌遵守,件件要敷行前人的功绪,不使他废坠了。这是善述其事。

　　武王周公之孝如此,所以达乎天下,而无一人不称其孝也。

"春秋，修其祖庙，陈其宗器，设其裳衣，荐其时食。"

解 春秋，是祭祀之时。四时皆有祭，举春秋，则冬夏可知。修，是修整。陈，是陈设。宗器，是先世所藏的重器。裳衣，是先王所遗的衣服。荐，是供献。时食，是四时该用的品物。孔子说，武王周公所以善继志而述事者，何以见得？今以所制祭祀之礼言之，到春秋祭享的时节，于祖庙中门堂寝室，皆及时修整，以致其严洁而不敢亵渎；于先祖所藏的重器，都陈设出来，以示其能守而不敢失坠。于先王所遗的裳衣，必设之以授尸，不惟使神有所依，亦以系如在之思也；于四时该用的品物，心荐之以致敬，不惟使神有所享，亦以告时序之变也。

武王周公所制祭祀之礼，通于上下者如此。

"宗庙之礼，所以序昭穆也。序爵，所以辨贵贱也。序事，所以辨贤也。旅酬下为上，所以逮贱也。燕毛，所以序齿也。"

解 序，是次序。昭穆，是宗庙的位次，在左边的为昭，取阳明之义；在右边的为穆，取阴幽之义。旅，是众。酬，是以酒相劝酬。燕，是燕饮。毛，是毛发。齿，是年齿。当祭于宗庙之日，群庙的子孙皆来与祭，其排列的班次，或在左或在右，各照依其主而不紊者，所以序其何者为昭、何者为穆，使等辈先后之不至于混乱。陪祀之臣，有公、有侯、有卿大夫，其爵不同，于祭之时，而序其或在前或在后，都有个次第者，所以分辨其孰为贵、孰为贱，使尊卑不至于攙越^①也。祭必有事，如宗，是掌管祠祭

【注】

① 攙（chān）越：越过本分。

② 觯（zhì）：古代青铜制酒器，形似尊而小，或有盖，盛行于商末周初。

③ 燕：即宴。

的；祝，是读祝文的。又有司尊的、执爵的，及奠帛、赞礼的，皆事也。于祭之时，而序次其执事者。盖祭以任事为贤，所以分别其人之贤，择其德行之优、威仪之美、趋事之纯熟者为之，使非贤者不得与也。祭毕之时，同姓的兄弟与异姓的宾，众人饮酒，互相劝酬，其各家子弟每都着他举觯②于其父兄，而供事于左右，所以然者，盖宗庙之中，以有事为荣，正所以逮及那子弟之贱者，使他亦有所事，而因事以伸其敬也。饮燕之后，异姓之宾皆退，又独燕③同姓之亲，到这时节，不论爵位之崇卑，但以毛发之黑白为坐次之上下，若此者，盖同姓比之异姓为亲，故专论年齿以定坐次，使长幼不至于失序也。夫序昭穆者，亲亲也；序爵者，贵贵也；序事者，贤贤也；逮贱者，下下也；序齿者，老老也。武王、周公一祭祀之间，其意义之周悉如此。

【注】

① 格：感通。

"践其位，行其礼，奏其乐，敬其所尊，爱其所亲。事死如事生，事亡如事存，孝之至也。"

解 这一节是总结上文。践，是践履。所尊，是先王的祖考。所亲，是先王的子孙臣庶。五个"其"字，都指先王而言。孔子说，武王、周公所制祭祀之礼，既善且备，如此可以见其善继而善述矣，何也？先王之对越神明必有位，所行必有礼，所奏必有乐。今武王、周公祭祀之时，所践履的就是先王对越祖考的位次，所行的就是先王升降周旋的礼仪，所奏的就是先王感格神人的音乐。祖考，是先王所尊崇也，今祭祀一举，致其诚敬，而祖考来格①，是能敬先王之所尊矣；子孙臣庶，是先王所亲厚也，今祭祀一行，笃其恩爱，而情义联属，是能爱先王之所亲矣。以此观之，可见武王、周公事奉先王无所不至。先王虽死，事他如在生的一般；先王虽亡，事他如尚存的一般。真可谓善继人之志，善述人之事，而为孝之极至者也。称曰达孝，不亦宜乎？

"郊社之礼，所以事上帝也。宗庙之礼，所以祀乎其先也。明乎郊社之礼，禘尝之义，治国其如示诸掌乎。"

【注】

① 圜丘：古代帝王冬至祭天的地方。② 方泽：即方丘，古代夏至帝王祭地祇的方坛，因坛设于泽中，故称。

🔴解 郊，是祭天。社，是祭地。上帝，即是天，言上帝则后土在其中。禘，是五年的大祭。尝，是秋祭，言秋祭则其余在其中。"示"字与"视"字同。掌，是手掌。示诸掌，是说看得明白。孔子又说，武王、周公所制祭祀之礼，不但如上文所言而已。总而言之，有郊社之礼焉，有宗庙禘尝之礼焉。郊社之礼，或行于圜丘①，或行于方泽②，盖所以事奉上帝与后土，答其覆载生成之德也。宗庙之礼，或五年一举，或一年四祭，盖所以祭祀其祖先，尽吾报本追远之诚也。这郊社禘尝，是国家极大的礼仪，其中义理微妙，难于测识，若能明此礼仪而无疑，则理无不明，诚无不格，治天下国家的道理，即此而在，就如看自家的手掌一般，何等明白！

盖幽明一理，而幽为难知；神人一道，而神为难格。既能通乎幽而感乎神，则明而治人又何难之有哉？夫武王、周公之制礼，不惟善体乎先王，而又可通于治道，此所以尽伦尽制，而有合于中庸之道也。

右第十九章。

第二十章

哀公问政。子曰："文、武之政，布在方策。其人存，则其政举；其人亡，则其政息。"

解 哀公，是鲁国之君。方，是木版。策，是竹简。古时无纸，有事只写在木版竹简上，所以叫做方策。哀公问于孔子说，人君为政的道理当如何？孔子对说，君欲行政，不必远有所求，惟在法祖而已。比我周文王、武王，是开国的圣君，那时又有周公、召公诸贤臣辅佐，所行的政事都是酌古准今、尽善尽美的。如今布列于木版竹简之中，如《周官》①《立政》②诸书及《周礼》所载纪纲法度，固班班可考也。只是那一时的君臣，今已不存了。若使当今之时，上焉有文、武③这样的君，下焉有周、召④这样的臣，则当时立下的政事，如今件件都可举行，而文武之治亦可复见于今日也。若是没有那样的君臣，则那政事便都灭息了。

载在方策者，不过陈迹而已，徒法岂能以自行哉？可见立政非难，得人为贵，上有励精求治之主，下有实心任事之臣，则立纲陈纪，修废举坠，只在反掌之间而已。不然，虽有良法美意，譬之有车而无人以推挽之，车岂能以自行哉？此图治者，所当留意也。

"人道敏政，地道敏树。夫政也者，蒲卢也。"

解 人，指君臣说。敏，是快速的意思。树，是栽植。蒲卢，是蒲苇，草之最易生者。孔子说，上有明君，下有良臣，便是得人。这人的道理，最能敏政。君臣一德，上下一心，一整饬间，而废者即兴，坠者即举；一修为间，而近无不服，远无不从，可以大明作之功，可以收综核之效，何等的快速。就似那地的道理一般，土脉所滋，凡有所栽植者，随植随长，无不快速也。夫人能敏政，则但得其人，则可以行政矣，而况这文武之政也者？是圣人行下的，合乎人情，宜于土俗，尽善尽美，至精至备，又是最易行者，就似那草中蒲苇一般，比之他物，尤为易生者也。夫人道既能敏政，而王政又甚易行如此，苟得其人以举之，其于为治何有？

"故为政在人，取人以身，修身以道，修道以仁。"

解 人，是贤臣。身，指君身说。道，即是天下之达道。仁，是本心之全德。孔子说，由"人存政举"之易观之，可见天下有治人，无治法。所以，为人君者，要举文武之政，只在择贤臣而任用之，惟得其人，然后纪纲法度件件振举，而政事自无不行也。然人君一身，又是臣下的表率，如欲取人，必须先修自己的身，能修其身，然后好恶取舍，皆得其宜，而贤才乐为之用也。然要修身，又必于君臣父子、夫妇、兄弟、朋友的道理，各尽其当然之实，则一身的举动，都从纲常伦理上周旋，身自无不修矣。然要修道，又必全尽本心之天德，使慈爱恻怛，周流而无间，则五伦之间，都是真心实意去运用，道自无不修矣。

夫以仁修道，以道修身，则上有贤君；以身取人，则下有贤臣，由是而举文武之政，何难之有哉？

【注】

① 降杀：递减，见《左传·襄公二十六年》："自上以下，降杀以两，礼也。"

"仁者，人也，亲亲为大。义者，宜也，尊贤为大。亲亲之杀，尊贤之等，礼所生也。"

解 人，指人身而言。上一个"亲"字，是亲爱。下一个"亲"字，指亲族说。尊贤，是尊敬有德的人。杀，是降杀。等，是等级。礼，是天理之节文。承上文说，修道固必以仁，而仁非外物，乃有生之初，所具恻怛慈爱之理，是即所以为人也。然仁虽无所不爱，而惟亲爱自己的亲族，乃能推以及人，而爱无不周，故以亲亲为大。有仁必有义，而义非强为，凡事物之中，各有当然不易的道理，是即所以为宜也。然义虽无所不宜，而惟尊敬那有道德的贤人，乃能讲明此理，而施无不当，故以尊贤为大。然这亲亲中间，又有不同，如父母则当孝敬，宗族则当和睦，自有个降杀；这尊贤中间，也有不同，如大贤则以师傅待之，小贤则以朋友处之，自有个等级。这降杀①、等级，都从天理节文上生发出来，所以说"礼所生也"。

曰仁、曰义、曰礼，三者并行而不悖，则道德兼体于身，而修身之能事毕矣。

在下位，不获乎上，民不可得而治矣。

"故君子不可以不修身。思修身，不可以不事亲。思事亲，不可以不知人。思知人，不可以不知天。"

解 承上文说，为政在人，取人以身。可见君子一身，关系最重。若不能修治其身，则其本不端，何以为取入的法则？所以君子不可不先修其身。修身以道，修道以仁，亲亲为仁之大。可见事亲是修身的先务，若不能善事其亲，则所厚者薄，无所不薄，身不可得而修矣。所以思修其身者，不可以不善事其亲。欲尽亲亲之仁，又必尊礼贤人，与之共处，然后亲亲的道理，讲究得明白。若不能尊贤取友以知人，则义理谁与讲明，是非无由辨白，以至辱身危亲者亦有之矣。所以思尽事亲之道者，又不可以不知人也。至若亲亲则有降杀、尊贤则有等级，都是天理之自然。若于这天序、天秩的道理，知之不明，则恩或至于滥施，敬或至于妄加，所尊所亲处之皆失其当矣。所以思知人以为事亲之助者，又不可以不知天也。

由知天以知人，知人以事亲，则身修而有君矣。以身取人，则有臣矣。有君有臣，而文武之政焉有不举者哉？

"天下之达道五，所以行之者三。曰：君臣也，父子也，夫妇也，昆弟也，朋友之交也。五者，天下之达道也。知、仁、勇三者，天下之达德也，所以行之者一也。"

解 达，是通达。昆弟，即是兄弟。德，是所得于天之理。"一"字，指"诚"说。孔子说，天下古今人所共由的道理有五件，所以行这道理的有三件。五者何？一曰君臣，二曰父子，三曰夫妇，四曰兄弟，五曰朋友之交。在君臣则主于义，在父子则主于亲，在夫妇则主于别，在兄弟则主于序，在朋友则主于信。这五件是人之大伦，从古及今，天下人所共由的道理，不外乎此，就如人所通行的大路一般，所以说是天下之达道也。三者何？一曰知，二曰仁，三曰勇。知则明睿，所以知此道者；仁则无私，所以体此道者；勇则果确，所以强此道者。这三件是天命之性，从古至今，天下人所同得的，无少欠缺，所以说是天下之达德也。然达道固必待达德而后行，而其所以行之者，又只在一诚而已。

盖诚则真实无伪，故知为实知，仁为实仁，勇为实勇，而达道自无不行。一有不诚，则虚诈矫伪，而德非其德矣，其如达道何哉？故曰"所以行之者一也"。

"或生而知之，或学而知之，或困而知之，及其知之，一也。或安而行之，或利而行之，或勉强而行之，及其成功，一也。"

解 这一节是说造道的等级。知之，是知此达道。困，是困苦。行之，是行此达道。利，是贪利。孔子说，人性虽同，而气禀或异，以知此理而言，或有生来天性聪明，不待学习自然就知之的；或有讲习讨论，从事于学问然后知之的；或有学而未能，困苦其心，发愤强求然后知之的。这三等人，闻道虽有先后，然到那豁然贯通、义理明白的去处，都是一般，所以说"及其知之"，一也。以行此理而言，或有生的德性纯粹，不待着力，安然自能行的；或有真知笃好，只见得这道理好，往前贪着去行的；或有力未能到，必待勉强奋发，而后能行的。这三等人，行道虽有难易，然到那践履纯熟、功夫成就的时节，也都一般，所以说"及其成功，一也"。

子曰："好学近乎知，力行近乎仁，知耻近乎勇。"

解 这一节是未及乎达德而求以人德的事。孔子说，人之气质虽有不同，然未尝无变化之术。如智以明道，固非愚者之所能。然若肯笃志好学，凡古今事物之理，时时去讲习讨论，不肯自安于不知，将闻见日广，聪明日开，虽未必全然是智，也就不堕于昏愚了，岂不近于智乎？仁以体道，固非自私者之所能，然若能勉励自强，事事去省察克治，实用其力，将见本心收敛，天理复还，虽未必纯然是仁，也就不蔽于私欲了，岂不近于仁乎？勇以任道，固非懦者之所能，然若能知己之不如人，而常存愧耻之心，不肯自暴自弃，将见耻心一萌，志气必奋，虽未必便是大勇，也就不终于懦弱了，岂不近于勇乎？

"知斯三者，则知所以修身。 知所以修身，则知所以治人。 知所以治人，则知所以治天下国家矣。"

解 "斯"字，解做"此"字。 三者，指上文三近而言。 孔子说，修身以道，而知、仁、勇之德，则所以行此道者。 人若能知得好学、力行、知耻这三件，足以近之，便可以入于达德，行乎达道，所以修治其身之理，无不知矣。 既知所以修身，则所以治人，而使之尽其道者，即此而在。 盖以己观人，虽有物我之间，然在我的道理，即是在人的道理，故"知所以修身"，便"知所以治人"也。 既"知所以治人"，则所以治天下国家，而使之皆尽其道者，亦即此而在。 盖以一人观万人，虽有众寡之殊，然一个人的道理，即是千万人的道理。 故"知所以治人"，便"知所以治天下国家"也。

夫以天下国家之治，而要之不外于修身，可见修身为出治之本矣。

"凡为天下国家有九经，曰：修身也、尊贤也、亲亲也、敬大臣也、体群臣也、子庶民也、来百工也、柔远人也、怀诸侯也。"

解 经，是常道。 孔子说，大凡人君治天下国家，有九件经常的道理，可以行之万世而不易者。 第一件，要修治自己的身，使吾身之一动一静，皆足以为天下之表率；第二件，要尊礼贤人，使之讲明治道，以为修己治人之助；第三件，要亲爱同姓的宗族，凡施予恩泽都宜加厚，不可同于众人；第四件，要敬礼大臣，凡体貌恩数，都宜加隆，不可同于小臣；第五件，要体悉群臣，以己之心，度彼之心，委曲周悉，把群臣每都看得如自己的身子一般；第六件，要子爱庶民，乐民之乐，忧民之忧，爱养保护，把百姓每都看得如自己的儿子般；第七件，要招来百样的工匠，集于国都，使他通工易事，以资国用；第八件，要绥柔远方来的使客人等，加意款待，使他离乡去国，不至失所；第九件，要怀服四方的诸侯，使他常为国家的藩屏，无有离叛之意。这九件，乃治天下国家经常之道。从古及今，欲兴道致治者，决不能舍此而别有所修为也，所以叫做九经。

然此九者之中，又有自然之序，盖天下国家之本在身，故修身为九经之首；然必亲师取友，而后修身之道进，故尊贤即次之；道之所进莫先于家，故亲亲又次之；由家以及朝廷，故敬大臣、体群臣次之；由朝廷以及其国，故子庶民、来百工次之；由其国以及天下，故柔远人、怀诸侯次之。九经之序如此，而其本则惟在于修身，其要莫急于尊贤也。

"修身则道立，尊贤则不惑，亲亲则诸父昆弟不怨，敬大臣则不眩，体群臣则士之报礼重，子庶民则百姓劝，来百工则财用足，柔远人则四方归之，怀诸侯则天下畏之。"

解 这一节是说九经的效验。道，即是达道。诸父，是伯父、叔父。"眩"字，解做"迷"字。孔子说，治天下国家的九经，人君若能着实行之，则件件都有效验。如能修治自己的身，则达道达德浑然全备，便足以为百姓每的表率，而人皆有所观法矣；能尊礼有德的贤人，则熏陶启沃，聪明日开，闻见日广，于那修己治人的道理，都明白贯通，无所疑惑矣；能亲爱同姓的宗族，则为伯叔诸父的，为兄弟的，都得以保守其富贵，欢然和睦，而无有怨恨矣；能敬礼大臣，则信任专一，他得以展布其能，临大事、决大议，皆有所资而不至于迷眩矣；能体悉群臣，则为士的感激思奋，皆务竭力尽忠，以报答君上之恩矣；能子爱国中的庶民，则百姓每蒙其恩泽，都欢欣爱戴，有尊君亲上之心矣；能招来百工技艺的人，则有无相易，农末相资，便能替国家生聚财货，而用度自然充足矣；能抚恤远方的使客，则四方宾旅闻风而慕义者，皆倾心归向，而愿出于途矣；能绥怀天下的诸侯，则德之所施者博，而威之所及者广，天下的诸侯皆畏威怀德，而为我之藩屏矣。九经之效验如此。

"齐明盛服，非礼不动，所以修身也。去谗远色，贱货而贵德，所以劝贤也。尊其位，重其禄，同其好恶，所以劝亲亲也。官盛任使，所以劝大臣也。忠信重禄，所以劝士也。时使薄敛，所以劝百姓也。"

解 这一段是说九经的事。齐（zhāi），是斋戒。明，是明洁。盛服，是衣服整肃。谗，是谗佞的人，颠倒是非，最能伤害君子。色，是美色。货，是财利，最能移易人心。孔子说，人君惟惮于拘束，乐于放纵，是以其身不能修治。必须内而齐明以收敛其心志，外而盛服以整肃其容仪，凡事都依着礼法行，非礼之事绝不去干，如此则内外交养，动静不违，而此身常在规矩之内，乃"所以修身也"。人君惟听信谗言，狗于货色，那好贤的意思，便就轻了。必须屏去那谗邪，疏远那美色，贱恶那货财，只专心一意贵重有德的人，如此则纯心用贤，而贤者乐为之用，乃"所以劝贤也"。同姓的宗族，常恐恩礼衰薄，所以怨望易生，必须体念宗室，尊其爵位，重其俸禄，他心里喜好的与他同好，心里憎恶的与他同恶，不至违拂其情，如此则诸父昆弟自然感悦，乃"所以劝亲亲也"。做大臣的，若教他亲理细事，便失了大体，必须多设官属，替他分投干办，足任他使令之役，如此则为大臣者得以从容论道，经理天下的大事，乃"所以劝大臣也"。于群臣每，待之不诚，则各生疑畏而不肯尽心；养之不厚，则自顾不暇而不肯尽力。必须待之以忠信，开心见诚，不去猜疑他；养之以重禄，使他父母妻子皆有所仰赖，如此则士无仰事俯育之累，而乐趋事功以报效朝廷，"乃所以劝士也"。于百姓每，使之不以其时，则劳民之力，敛之过于太重，则伤民之财，故虽有不容己之事，亦必待农功既毕之后，然后役使他；征敛他的税粮，又皆从轻而不过于厚，则百姓既有余财，又有余力，皆将欢欣爱戴，以亲其君上，乃"所以劝百姓也"。

"日省月试，既禀称事，所以劝百工也。送往迎来，嘉善而矜不能，所以柔远人也。继绝世，举废国，治乱持危，朝聘以时，厚往而薄来，所以怀诸侯也。"

解 "既"字，读做"饩（xì）"字，饩，是牲口。禀，是廪米。百工技艺的人，执事有勤惰之不同，必须日日省视他，月月考较他，以验其工程如何，勤的便多与他些廪饩，以偿其劳；惰的则少与他些，务与他的事功相称。如此，则不惟勤者益知所勉，而惰者亦皆劝于勤矣，乃"所以劝百工也"。远方使客人等，于其回还时节，则授之旌节以送之，使关津不得阻滞；于其来的时节，则丰其委积以迎之，使百凡有所资给。其人之善者，则嘉美之，而因能以授之任；其不能者，则矜恕之，而亦不强其所不欲。如此则款待周悉，天下之旅皆悦而愿出于其途，"乃所以柔远人也"。至若四方诸侯，有子孙绝嗣的，寻他旁枝来继续，使不绝其宗祀；有失了土地的，举其子孙而封之，使得复其爵土。治其坏乱，教他国中上下相安；持其危殆，教他国中大小相恤。每年使其大夫，一小聘；三年使其卿，一大聘；五年则诸侯自来，一朝。朝聘各有其时，不劳其力也。我之燕赐于彼者，则厚而礼节之有加；彼之纳贡于我者，则薄而方物之不计。厚往而薄来，恐匮其财也。如此则天下诸侯皆将竭其忠力，以藩卫王室，而无倍畔之心，乃"所以怀诸侯也"。九经之事如此。

"凡为天下国家有九经，所以行之者，一也。"

解 孔子既详言九经之事，又总结之说道，人君治天下国家，有这九件经常的道理。其事与效验固各不同，然所以行那九经，只是一件，曰诚而已矣。

盖天下之事，必真实而无妄，乃能常久而不易，若存的是实心，行的是实事，则九经件件修举，便可以治天下国家。若一有不诚，则节目最详，法制虽具，到底是粉饰的虚文而已，如何可以为治乎？故曰"所以行之者，一也"。

"凡事豫则立，不豫则废。言前定则不跲，事前定则不困，行前定则不疚，道前定则不穷。"

解 凡事，指达道、达德、九经以及日用大小的事务皆是。豫，是素定。跲（jiá），是颠踬，如人行路跌倒的一般。困，是窘迫。疚，是病。承上文说，九经之行，固贵于诚，然不但九经而已，但凡天下之事，能素定乎诚，则凡事都有实地，便能成立；若不能素定乎诚，则凡事都是虚文，必致废坏。何以言之？如人于言语，先定乎诚，不肯妄发，则说的都是实话，自然顺理成章，不至于蹉跌矣；人于事务，先定乎诚，不肯妄动，则临事便有斟酌，自然随事中节，不至于窘迫矣。身之所行者，先定乎诚，则其行有常，自然光明正大，而无歉于心，何疚之有？道之当然者，先定乎诚，则其道有源，自然泛应曲当，而用之不竭，何穷之有？

所谓"凡事豫则立"者如此。苟为不诚，则言必至于跲，事必至于困，行必至于疚，道必至于穷矣。

"在下位不获乎上，民不可得而治矣。获乎上有道：不信乎朋友，不获乎上矣。信乎朋友有道：不顺乎亲，不信乎朋友矣。顺乎亲有道：反诸身不诚，不顺乎亲矣。诚身有道：不明乎善，不诚乎身矣。"

解 这一节承上文推言素定的意思。"获"字，解做"得"字。孔子说，凡事皆当素定乎诚，如在下位的人，若要治民，必得了君上的心，肯信用他，方才行得；若不能得君上的心，则无以安其位，而行其志，要行些政事，人都不肯听从，民岂可得而治乎？故欲治民者，当获乎上也。然要获乎上，不在乎谀悦以取容，自有个道理，只看他处朋友如何。若是平昔为人，不见信于朋友，则志行不孚，名誉不著，要见知于在上的人，岂可得乎？故欲获乎上者，必信于朋友也。然要朋友相信，不在乎交结以取名，自有个道理，只看他事父母如何。若平日不能承顺父母，得其欢心，则孝行不修，大节已亏，岂能取信于朋友之间乎？故欲信友者，当顺乎亲也。然要顺亲，亦不在乎阿意以曲从，也有个道理，只在能诚其身。若反求诸身，未能真实而无妄，则外有承顺之虚文，内无敬爱之实意，岂能得父母之欢心乎？故欲顺亲者，当诚乎身也。然诚身功夫，又不是一时袭取得的，也有个道理，只在能明乎善。若不能格物致知，先明乎至善之所在，则好善未必是实好，恶恶未必是实恶，岂能使所存所发，皆真实而无妄乎？故欲诚身者，当明乎善也。能明善以诚身，则顺亲、信友、获上、治民，何难之有？即在下位者欲获上治民而推之一本于诚，则凡事可知矣。

"诚者，天之道也；诚之者，人之道也。诚者，不勉而中，不思而得，从容中道，圣人也。诚之者，择善而固执之者也。"

🔴 **解** 诚，是真实无妄。从容，是自然的意思。择，是拣择。固，是坚固。执，是执守。承上文"诚身"说，这诚之为道，原是天赋与人的，盖天以实理化生万物，人以实理成之为性，率其性而行之，本无间杂，不假修为，乃天与人的道理，自然而然，所以说是"天之道也"。若为气禀物欲所累，未能真实无妄，而用力以求到那真实无妄的去处，这是人事所当然者，乃"人之道也"。诚者之事何如？其行则安而行之，不待勉强而于道自无不中，其知则生而知之，不待思索，而于道自无不得。此乃从容合道的圣人，全其天而无所假于人为者也。诚之者之事何如？其知则未能不思而得，必拣择众理以明善，其行则未能"不勉而中"，必坚守其善以诚身，此乃用力修为的贤人，尽人以合天者也。然自古虽生知安行之圣，亦必加学问之功夫，其得之于天者既全，而修之于人者又力，此所以圣而益圣欤？

"博学之，审问之，慎思之，明辨之，笃行之。"

解 承上文说，择善而固执之，固诚之者之事。然其用工之节目，又不止一端。第一要博学，天下之理无穷，必学而后能知。然学而不博，则亦无以尽事物之理，故必旁搜远览，凡古今事物之变，无不考求，庶乎可以广吾之闻见也，这是"博学之"。所学之中有未知者，必须问之于人，然问而不审，则苟且粗略，而无以解中心之惑，必与明师好友，尽情讲论，仔细穷究，庶乎可以释吾之疑感也，这是"审问之"。虽是问的明白了，又必经自家思索一番，然后有得，然思而不慎，又恐失之泛滥，过于穿凿，虽思无益矣。故必本之以平易之心，求之于真切之处，而慎以思之，庶乎潜玩之久而无不通也。既思索了，又以义理精微，其义利公私之间，必加辨别，然辨而不明，则毫厘之差，谬以千里，虽辨无益矣。故必条分缕析，辨其何者为是，何者为非，何者似是实非，何者似非而实是，一一都明以辨之，庶乎尽其精微而不差也。夫既学而又问之、思之、辨之，则于天下之义理，皆已明白洞达而无所疑，可以见之于行矣。然行而不笃，则所行者徒为虚文，而终无所成就，又必真心实意，敦笃而行，无一时之间断，无一念之懈息，则所知者皆见于实事，而不徒为空言矣，所以又说"笃行之"。

夫博学、审问、慎思、明辨，所以择善也；笃行，所以固执也。五者，皆诚之者的工夫，学知利行之事也。

"有弗学，学之弗能，弗措也。有弗问，问之弗知，弗措也。有弗思，思之弗得，弗措也。有弗辨，辨之弗明，弗措也。有弗行，行之弗笃，弗措也。人一能之，己百之。人十能之，己千之。"

解 "弗"字，解做"不"字。"措"字，解做"止"字。承上文说，学、问、思、辨、笃行，固是求诚之事，然有一样资禀庸下的，未能便成，必须专心致志着实用功，乃能有成。如古今事物之理，不学则已，但去学时，便要博闻强记，件件都理会得过才罢，若有不能，不止也。有疑感的，不问则已，但去问时，便反复讲究，件件都要知道才罢，若有不知，不止也。有该思索的，不思则已，但去寻思，则必再三筹度，务要融会贯通才罢，若有不得，不止也。有该辨别的，不辨则已，但去分辨，则必细细剖析，务要明白不差才要，若有不明，不止也。及其见诸躬行，不行则已，但行的时节，务要践履笃实，底于有成才罢，若有不笃，不止也。他人一遍就会了，自己必下百遍的工夫；他人十遍就会了，自己必下千遍的工夫，务求其能而后已。这是困知勉行者之事也。

"果能此道矣，虽愚必明，虽柔必强。"

解 此道，指上一节说。常人有志者少，无志者多，未有能实用其力者。若果能于那学问思辨笃行，用了百倍的工夫，则义理自然浑融，气质自然变化。虽是生来愚昧的，久之亦将豁然贯通，而进于明矣；虽是生来柔弱的，久之亦能毅然自守，而进于强矣。况本是聪明强毅的，而又能加勤励不息之功，有不为大知大勇者乎？

右第二十章。

解 谨按此章言帝王治天下之大经大法，极其详备。首言举行文武之政，在于有君有臣，而尤归重于君身，盖有君则自然有臣也。中言以三达德而行五达道，皆修身之事。九经则自身而推之家国天下，终言修己治人，必本于一诚，而学问思辨笃行之功，则所以求立乎诚者也。夫至诚者，天德也；九经之事，王道也。有天德而后可以行王道，其要在于典学，伏惟圣明留意焉。

第二十一章

自诚明，谓之性。 自明诚，谓之教。 诚则明矣，明则诚矣。

解 诚，是真实无妄。 明，是事理洞达。 子思承孔子天道人道之意以立言说道，人之造道等级虽有相悬，及其成功，则无二致。 固有德无不实，而明无不照，由诚而明的，这叫做性。 盖圣人之德，不勉而中，不思而得，天性本来有的，故谓之性。 性，即天道也。 有先明乎善，而后能实其善，由明而诚的，这叫做教。 盖贤人之学，以择而精，以执而固，由教而后能入的，故谓之教。 教，即人道也。 夫曰性，曰教，虽有天道人道之殊，然德无不实者，固自然清明在躬，无有不明，而先明乎善者，也可以到那诚的地位，及其成功，则一而已矣。 所以说"诚则明矣，明则诚矣"。

右第二十一章。

第二十二章

唯天下至诚，为能尽其性；能尽其性，则能尽人之性；能尽人之性，则能尽物之性；能尽物之性，则可以赞天地之化育；可以赞天地之化育，则可以与天地参矣。

解 天下至诚，是说圣人之德极诚无妄，天下莫能过他。赞，是助。化育，是变化生育。参，是并立为三的意思。子思说，天命之性，本自真实无妄，只为私欲蔽了，见得不明，行得不到，所以不能尽性。独有天下至诚的圣人，其知生知，其行安行，纯乎天理而不杂于人欲，故能于所性之理，察之极其精，行之极其至，而无毫发之不尽也。然天下的人虽有智愚、贤不肖，其性也与我一般，圣人既能尽己之性，由是推之于人，便能设立政教，以整齐化导之，使人人都复其性之本然，而能尽人之性矣。天下的物，虽飞潜动植不同，其性也与人一般，圣人既能尽人之性，由是推之于物，便能修立法制，以樽节爱养之，使物物各遂其性之自然，而能尽物之性矣。夫人物皆天地之所生，而不能使之各尽其性，是化育也有不到的。今圣人能尽人物之性，则是能裁成辅相，补助天地之所不及矣，岂不可以"赞天地之化育"乎？既能"赞天地之化育"，则是有天地不可无圣人，天位乎上而覆物，地位乎下而载物，圣人位乎中而成物，以一人之身，与天、地并立而为三矣，岂不可"与天地参"乎？

至诚之功用，其大如此，然天地万物之理，皆具于所性之中，参赞位育之功，不出于尽性之外，学圣人者，但当于吾性中求之。

右第二十二章。

第二十三章

其次致曲，曲能有诚。 诚则形，形则著，著则明，明则动，动则变，变则化。 唯天下至诚为能化。

解 其次，是指贤人以下说。 致，是推极。 曲，是善之一偏处。 盖人之心虽为物欲所蔽，然良心未曾泯灭，必有一端发见的去处，这叫做曲。 若能就此扩充之，到那至极的去处，叫做致曲。 形，是发见于外。 著，是显著。 明，是光明。 动，是感动。 变，是改变。 化，是浑化。 子思说，天下至诚的圣人，固能尽其性之全体，而能尽人物之性，以收参赞之功矣。 其次若贤人以下，诚有未至者，却当何如用功，盖必由那善端发见之一偏处，悉推致之以各造其极，如一念恻隐之发，则推之以至于无所不仁；一念羞恶之发，则推之以至于无所不义，而曰礼曰智，莫不皆然，这便是能致曲了。 夫一偏之曲，既无不致，则有以通贯乎全体，而无不实矣，所以说曲能有诚。 诚既积于中，则必发于外，将见动作威仪之间，莫非此德之形见矣。 既形，则自然日新月盛，而意显著矣。 既著，则自然赫喧盛大，而有光明矣。

盖实德之积于中者日盛，故德容之见于外者愈光，内外相符之机，有不容掩者如此。 诚既发于外而有光明，则人之望其德容者，自然感动，而兴起其好善之心矣。 既动，则必改过自新，变其不善以从吾之善矣。 既变，则久之皆相忘于善，浑化而无迹矣。 盖诚之动乎物者既久，则人之被其化者愈深，人己相符之机，有莫知所以然者如此。 夫感人而至于化，岂是容易到得的？ 惟是天下至诚的圣人，才能感人到那化的去处。 今致曲者积而至于能化，则亦天下至诚而已矣。

　　夫由诚而形、而著、而明，所谓能尽其性者也。由动而变、而化，所谓能尽人物之性者也，而参赞在其中矣。虽由致曲而入，及其成功则一也。

右第二十三章。

第二十四章

至诚之道，可以前知。国家将兴，必有祯祥；国家将亡，必有妖孽。见乎蓍龟，动乎四体。祸福将至，善，必先知之；不善，必先知之。故至诚如神。

解 前知，是预先知未来的事。祯祥，是福之兆，如麒麟、凤凰、景星、庆云各样的祥瑞都是。妖孽，是祸之萌，如山崩、川竭、地震、星陨各样的灾异都是。蓍，是蓍草；龟，是灵龟，皆用以占卜者。四体，指动作威仪说。神，是鬼神。子思说，人之德有不实，则理有不明，虽目前的事尚不能知，况未来者乎？独有极诚无妄的圣人，天理浑然，无一毫私伪，故其心至虚至灵，于那未来的事，都预先知道，然此岂有术数以推测之哉？盖自有可知之理耳。如国家将要兴隆，必先有祯祥的好事出来；国家将要败亡，必先有妖孽不好的事出来。或著见于蓍龟占卜之间，而有吉有凶；或发动于四体威仪之际，而有得有失。凡此皆祸福将至，理之先见者也。惟至诚圣人，则有以察其几善，必先知之，不待其福既至而后知也；不善，必先知之，不待其祸既至而后知也。所以至诚之妙，就如鬼神一般。

　　盖凡幽远之事耳目心思所不及者，人不能知，除是鬼神知得。今圣人虚灵洞达，能知未来，则与鬼神何异？所以说"至诚如神"。然天地间只是一个实理，既有是理，便有预先形见之几，圣人只是一个实心，心体既全，自有神明不测之用，岂若后世谶纬术数之学，穿凿附会，以为知者哉？

右第二十四章。

第二十五章

诚者自成也，而道自道也。

解　子思说，真实无妄之谓诚。这诚，是人所以自成其身的道理，如实心尽孝，才成个人子；实心尽忠，才成个人臣，所以说是"自成也"。体此诚而见于人伦日用之间，则谓之道。这道，乃人所当自行的，如事亲之孝，为子的当自尽；事君之忠，为臣的当自尽，所以说是"自道也"。

诚者，物之终始，不诚无物。是故君子诚之为贵。

解　物，是事物。子思说，何以见得诚为自成，而道当自道？盖天下事物，莫不有终，莫不有始。终不自终，是这实理为之归结；始不自始，是这实理为之发端。彻头彻尾，都是实理之所为，是诚为物之终始，而物所不能外也。人若不诚，则虽有所作为，到底只是虚文，恰似不曾干那一件事的一般。如不诚心以为孝，则非孝；不诚心以为忠，则非忠。所以，君子必以诚之为贵，而择善固执以求到那真实之地也。若然，则能有以自成，而道亦无不行矣。

诚者，非自成己而已也，所以成物也。成己，仁也；成物，知也。性之德也，合外内之道也，故时措之宜也。

解 时措，是随时而行，无不当理。子思说，诚固所以自成，然又不止成就自家一身而已。天下的人，同有此心，同有此理，既有以自成，则自然有以化导他人，而使之皆有所成就，亦所以成物也。成己，则私意不杂，全体混然，叫做仁。成物，则因物裁处，各得其当，叫做知。然是仁、知二者，非从外来，乃原于天命，是性分中固有之德也，亦不是判然为两物的，与生俱生，乃内外合一的道理。君子特患吾心有未诚耳，心既诚，则仁知兼得，一以贯之，将见于事者，不论处己处物，以时措之，而皆得其当矣。

此可见，仁知一道，得则俱得；物我一理，成不独成，岂有能成己而不能成物者乎？所以说诚者非自成己而已也，所以成物也。

右第二十五章。

第二十六章

故至诚无息。不息则久，久则征，征则悠远，悠远则博厚，博厚则高明。

🔶 息，是间断。久，是常于中。征，是验于外。悠，是悠长。远，是久远。博厚，是广博深厚。高明，是高大光明。子思说，人之德有不实，则为私欲所间杂，而其心不纯，不纯则有止息之时，圣人之德，既极其真实，而无一毫之虚伪，则此心之内，纯是天理流行，而私欲不得以间之，自无有止息矣。既无止息，则心体浑全，德性坚定，自然始终如一，常久而不变矣。存诸中者既久，则必形见于威仪，发挥于事业，自然征验而不可掩矣。既由久而征，则凡所设施，都是纯王之政，自然悠裕而不迫，绵远而无穷矣。惟其悠远，则积累之至，自然充塞乎宇宙，浃洽于人心，广博而深厚矣。惟其博厚，则发见之极，自然巍乎有成功，焕乎有文章，高大而光明矣。

盖德之存诸中者，既极其纯，故业之验于外者，自极其盛，此至诚之妙，所以能赞化育而参天地也。

博厚，所以载物也；高明，所以覆物也；悠久，所以成物也。

🔶 这一节是说圣人与天地同用。子思说，至诚之功用，所积者既广博而深厚，则天下之物无不在其包括承受之中，而咸被其泽，是固"所以载物也"。所发者既高大而光明，则天下之物无不在其丕冒照临之下，而咸仰其光，是固"所以覆物也"。 其博厚高明者，又皆悠长而久远，则天下之物，常为其所覆载，而得以各遂其生，各复其性，是固"所以成物也"。

博厚配地，高明配天，悠久无疆。

🔴 这一节是说圣人与天地同体。 配，是配合。 疆，是疆界。 子思说，承载万物者莫如地，今至诚之博厚，也能载物，则其博厚，就与地道之厚者，配合而无间矣。 覆冒万物者莫如天，今至诚之高明，也能覆物，则其高明，就与天道之高明者配合而无间矣。 天地之博厚高明，亘古亘今，无有穷尽，故能成物。 今至诚之悠久，也能成物，则其悠久之功，就与天地之无疆界者，通一而无二矣。

如此者，不见而章，不动而变，无为而成。

🔴 如此，指上文说。"见"字，解做"示"字。章，是显。 子思说，圣人能覆载成物，而配天地之无疆，其功业之盛如此，然岂待于强为哉？亦自然而然者耳。 观其博厚的功业，固灿然而成章，然亦积久蓄极，自然显著的，不待表暴以示人而后章也，此其所以能配地也。 其高明的功业，固能使人翕然而丕变，然亦存神过化自然感应的，不待鼓舞动作而后变也，此其所以能配天也。 其博厚高明之悠久，固能使治功有成，万世无敝，然亦不识不知，自然成就的，不待安排布置，有所作为而后成也，此所以能配天地之无疆也。

天地之道，可一言而尽也。 其为物不贰，则其生物不测。

解 上面既说圣人之功用同乎天地，此以下文，又即天地之道以明之。 贰，是参杂。 子思说，天地之道虽大，要之可以一言包括得尽，只是个诚而已。 盖天地之间，气化流行，全是实理以为之，运用更无一毫参杂，惟其不贰，所以能长久不息，而化生万物形形色色，充满于覆载之间，有莫知其所以然者，岂可得而测度之哉？ 观此则圣人之至诚不息，久而必征可知矣。

天地之道，博也，厚也，高也，明也，悠也，久也。

解 天地之道，惟其诚一不贰，故能各极其盛。 地之道惟诚，是以不但极其广博，而又极其深厚也；天之道惟诚，是以不惟极其高大，而又极其光明也。 且其博厚高明，又极其悠长，极其久远，而不可以终穷也。 观此，则圣人之悠远、博厚、高明，皆本于诚又可知矣。

今夫天，斯昭昭之多，及其无穷也，日月星辰系焉，万物覆焉。 今夫地，一撮土之多，及其广大，载华岳而不重，振河海而不泄，万物载焉。 今夫山，一卷石之多，及其广大，草木生之，禽兽居之，宝藏兴焉。 今夫水，一勺之多，及其不测，鼋、鼍、蛟、龙、鱼、鳖生焉，货财殖焉。

解 昭昭，是小小的明处。 系，是系属。 以手指取物，叫做撮。一撮，言其至少。 华岳，是西岳华山，山之最大者。 振，是收。泄，是渗漏。 一卷（quán）石，是一块小石。 宝藏，是世间宝重藏蓄的，如金玉之类都是。 一勺，是一升。 鼋（yuán），似鳖整而大；鼍（tuó），似鱼有足；蛟，似龙无角，都是水中之物。 殖，是滋长。 子思说，天地之道，惟诚不贰，故能各极其盛，而有生物不测之功用，何以见之？今夫天，指其一处而言，就是昭昭然罅隙透明的去处，也叫做天，若论其全体，则高大光明，无有穷尽，日月之运行，星辰之布列，都系属于其上，凡万有不齐之物，亦无不在其覆冒之下焉，天之生物不测如此。 今夫地，指其一处而言，就是一撮之土，也叫做地，若论其全体，则广博深厚，无有限量。 华岳之山虽大，也能承载之而不见其为重；河海之水虽广，也能收摄之而不见其漏泄。 凡万有不齐之物，亦无不在其持载之中焉，地之生物不测如此。 今夫山指其一处而言，便是一卷石之多，也叫做山，若论其全体广阔高大的去处，则各样的草木都于此发生，诸般的禽兽都于此居止，凡世间宝重蓄藏的物，可以为服饰器用的，都从此兴发出来，山之生物如此。 今夫水，指其一处而言，便是一勺之多，也叫做水，若论其全体深广不测的去处，则鼋鼍、蛟龙、鱼鳖都生聚于其中，凡有用之物，可以生致货利的，都滋长于其中，水之生物如此。

夫天地之间，物之最大者莫如山川，观山川之生物如此，则天地之大可知矣；观天地之道如此，则圣人之功用可知矣。

《诗》云："维天之命，於穆不已。"盖曰天之所以为天也。"於乎不显①，文王之德之纯。"盖曰文王之所以为文也，纯亦不已。

解 《诗》，是《周颂·维天之命》篇。 天命，即是天道。 於（wū），是赞叹之辞。 穆，是幽深玄远的意思。 不已，是无止息。 不显，譬如说岂不显著也。 文王，是周文王。 纯，是不杂。 子思于此章之末，又引《诗》以明"至诚无息"之意说道，诗人叹息说："维天道之运行，幽深玄远而无有一时之止息。"这是说天之所以为天，正以其无止息也。 不然则四时不行，百物不生，将何以为天乎？ 诗人又叹息说："岂不显著哉？ 文王之德，纯一而不杂。"这是说文王之所以为文，正以其德之不杂也。 不然则积之不实，发之无本，将何以为文乎？

然在天说"不已"，在文王说"纯"，岂是文王与天有不同处？ 盖天道无有止息，固是不已；文王之德之纯也没有止息，亦不已焉。 文王与天一也，这纯，即是至诚；这不已，即是不息。 观此，则圣人之"至诚无息"可知矣。

右第二十六章。

第二十七章

大哉，圣人之道！

解　道，即是率性之道，惟圣人能全之，所以说圣人之道。子思赞叹说，大矣哉，其惟圣人之道乎！言其广阔周遍，无所不包，无所不在，天下无有大于此者。如下文两节便是。

洋洋乎！发育万物，峻极于天。

解　洋洋，是流动充满的意思。发育，是发生长育。峻，是高大。极，是至。子思说，何以见圣道之大？以其全体言之，则见其洋洋乎流动充满，无有限量，如万物虽多，都是这道理发生长育，大以成大，小以成小，无一物而非道也。天虽高大，这道理之高大，上至于天，日月所照，霜露所坠，无一处而非道也。其极于至大而无外如此。

【注】
① 经礼：大的礼。② 曲礼：小的礼。③ 散殊：各不相类，各有区别。

优优大哉！礼仪三百，威仪三千。

解　优优，是充足有余的意思。礼仪，是经礼①，如冠、婚、丧、祭之类。威仪，是曲礼②，如升、降、揖、逊之类。子思说，圣人之道，以其散殊 ③ 而言，则见其优优然充足有余，广大悉备，如人伦日用之间，有经常不易的礼仪，而礼仪之目则有三百品节限制，都是这个道理，有周旋进退的威仪；而威仪之目则有三千细微曲折，也都是这个道理。其入于至小而无间如此。

待其人而后行，故曰："苟不至德，至道不凝焉。"

解 其人，指圣人说。至道，指上两节。凝，是聚会的意思。承上文说，道之全体既洋洋乎无所不包，道之散殊又优优乎无所不在，其大如此，是岂可以易行者哉？必待那有至德的圣人，为能参赞化育、周旋中礼，这个道理方才行得。若不是这等的至德，则胸襟浅狭，既不足以会其全，识见粗疏，又不足以尽其细，要使这道理疑聚于身心，岂可得乎？所以说"苟不至德，至道不凝焉"。然则欲凝至道，必先尽修德之功而后可。

故君子尊德性而道问学，致广大而尽精微，极高明而道中庸。温故而知新，敦厚以崇礼。

解 这是说修德凝道的工夫。尊，是恭敬奉持的意思。德性，是人所受于天的正理。道，是由。致，是推及。广大高明，是说心之本体。精微，是理之精细微妙处。温，是温习。故，是旧所知的。敦，是笃。厚，是旧所能的。崇，是积累的意思。礼，是天理之节文。子思说，至道必待至德而后凝，是以君子为学，知这道理至大，凝道的工夫至难，胸次浅陋的，固做不得，识见粗略的，也做不得，必于所受于天的正理，恭敬奉持，保守之而不至于失坠，其尊德性如此。又于那古今的事变，审问博学务有以穷其理而无遗，而率由夫问学之功焉。这是修德凝道的纲领，然非可以一端尽也。心体本自广大，有以蔽之，则狭小矣，必扩充其广大，而不以一毫私意自蔽。 然于事物之理，又必析其精微，不使有毫厘之差，而广大者不流于空疏也。 心体本自高明，有以累之，则卑污矣。 必穷极其高明，而不以一毫私欲自累，然于处事之际，又必依乎中庸，不使有过之不及之谬，而高明者不入于虚远也。 于旧日所已知者，则时加温习，不使其遗忘，然义理无穷，又必求有新得，而日知其所未知焉。 于旧日所已能者，则益加敦笃，不使其放逸，然节文无限，又必崇尚礼度，而日谨其所未谨焉。

夫致广大、极高明、温故、敦厚，皆是尊德性的事；尽精微、道中庸、知新崇礼，皆是道问学的事。 君子能尽乎此，则德无不修，而道无不凝矣。

是故居上不骄，为下不倍。 国有道，其言足以兴；国无道，其默足以容。《诗》曰："既明且哲，以保其身。"其此之谓与？

解 骄，是矜肆。 倍，是违悖。 兴，是兴起，在位。 明，是明于理。 哲，是察于事。 子思承上文说，君子既修德以凝道，则圣人之道全备于一身，自然无所处而不当矣。 故使之居上位，便能兢兢业业，尽那为上的道理，必不肯恃其富贵，而至于骄矜。 使之在下位，便能安分守己，尽那为下的道理，必不肯自干法纪，而至于违悖。 国家有道之时，可以出而用世，他说的言语，便都是经济的事业，足以感动乎人，而兴起在位。 国家无道之时，所当见几而作，他就隐然自守，不为危激的议论，足以远避灾祸而容其身。 是为上、为下、处治、处乱，无所不宜如此。《大雅·烝民》之诗说："周之贤臣仲山甫，既能明于理，又能察于事，故能保全其身无有灾害。"这就是说修德君子，随所处而无不宜的意思，所以说"其此之谓与"。

右第二十七章。

第二十八章

子曰："愚而好自用，贱而好自专。生乎今之世，反古之道。如此者，栽及其身者也。"

解 这是子思引孔子之言，以明为下不倍的意思。反，是复。"栽"字，与"灾"字同，是灾祸。孔子说，昏愚无德的人，不可自用，他却强作聪明，而执己见以妄作；卑贱无位的人，不可自专，他却不安本分，而逞私智以僭为。生乎今之世，只当遵守当今的法度，他却要复行前代的古道。这等的人，越理犯分，王法之所不容，灾祸必及其身矣。即夫子此言观之，然则为下者，焉可倍上也哉？

非天子，不议礼，不制度，不考文。

解 此以下都是子思的说话。礼，是亲疏贵贱相接的礼节。度，是宫室车服器用的等级。考，是考正。文，是文字的点画形象。子思推明孔子之意说，自用自专，与生今反古之人，皆足以取祸者，何哉？盖制礼作乐，是国家极大的事体，必是圣天子在上，既有德位，又当其时，然后可以定一代之典章，齐万民之心志。如亲疏贵贱，须有相接的礼体，然惟天子得以议之，非天子不敢议也。宫室车服器，用须有一定的等级，然惟天子得以制之，非天子不敢制也。书写的文字，都有点画形象，然惟天子得以考之，非天子不敢考也。

盖政教出于朝廷，事权统于君上，有非臣下所能干预者如此。

今天下车同轨，书同文，行同伦。

解 今，是子思自指周时说。 轨，是车的辙迹。 书，是写的字。 行，是行出来的礼。 伦，是次序。 子思说，仪礼、制度、考文，惟其皆出于天子，所以当今的天下，虽不是文、武、成、康之时，然其法制典章，世世遵守，无敢有异同者。 以车而言，造者固非一人，而其辙迹之广狭，都是一般，是天子所制之度，至今不敢更变也；以字而言，写者固非一人，而其点画形象，都是一般，是天子所考之文，至今不敢差错也；以礼而言，行者固非一人，而其亲疏贵贱的次序，都是一般，是天子所议之礼，至今不敢逾越也。

当今一统之盛如此，则愚贱之人，与生今之世者，岂可得而违背哉？

虽有其位，苟无其德，不敢作礼乐焉。 虽有其德，苟无其位，亦不敢作礼乐焉。

解 子思又说，欲制礼作乐以治天下者，必是圣人在天子之位而后可。 虽有天子之位，苟无圣人之德，则人品凡庸，而无制作之本，如何敢轻易，便为制礼作乐之事？ 虽有圣人之德，苟无天子之位，则名分卑下，而无制作之权，也不敢专擅，便为制礼作乐之事。

盖无德而欲作礼乐，便是愚而自用，无位而欲作礼乐，便是贱而自专。

故必有圣人之德，而又在天子之位，然后可以任制作之事，而垂法于天下也。然则为下者，又安敢以或倍哉？

子曰："吾说夏礼，杞不足征也。吾学殷礼，有宋存焉。吾学周礼，今用之，吾从周。"

解 礼，即上文仪礼、制度、考文之事。杞、宋，是二国名。杞，是夏之后代。宋，是殷之后代。征，是证。子思又引孔子之言说，有一代之兴，必有一代之礼。比先夏禹之有天下，所制之礼，我尝向慕而诵说之，但他后代子孙衰微，今见存者止有个杞国，典籍散失，旧臣凋谢，不足以取证吾言矣。既无可证，则我虽知之，岂可得而从之乎？殷汤之有天下，所制之礼，我亦尝考求而学习之，虽则殷之子孙尚有宋国，他文献也有存的，不至尽泯，然皆前代之事，而非当世之法，则我虽习之，亦岂可得而从之乎？惟有我周之礼，是文武之所讲画，至精至备，凡方策之所存与贤人之所记，吾皆学之，这正是当今之所用，天下臣民都奉行遵守，不敢违越，既可考证，又合时宜，与夏、殷的不同。然则吾之所从，亦惟在此周礼而已。

夫以孔子之圣，生于周时，且不敢舍周而从夏、殷之礼，然则生今反古者，是岂为下不倍之义哉？

右第二十八章。

第二十九章

王天下有三重焉，其寡过矣乎！

解　王天下，是兴王而君主天下者。三重，指议礼、制度、考文说，以其为至重之事，故曰三重。子思说，王天下的君子，有议礼、制度、考文三件重大的事行于天下，则有以新天下之耳目，一天下之心志，由是诸侯奉其法，而国不异政，百姓从其化，而家不殊俗，天下之人，其皆得以寡其过失矣乎。

上焉者，虽善无征，无征不信，不信民弗从；下焉者，虽善不尊，不尊不信，不信民弗从。

解　征，是考证。尊，是尊位。子思又说，所谓王天下者，乃身有其德，居其位，而又当其时者也。如时王以前，远在上世的，其礼虽善，然世远人亡，于今已无可考证，既无可考，则不足以取信于人；不足取信于人，则人不从之矣。又如圣人穷而在下的，虽善于礼，然身屈道穷，而不在尊位，位不尊，则不足以取信于人；不足取信于人，则人不从之矣。故三重之道，惟当世之圣人，而又在天子之位，然后乃可行也。

故君子之道本诸身，征诸庶民。考诸三王而不谬，建诸天地而不

悖。 质诸鬼神而无疑，百世以俟圣人而不惑。

解 君子，指王天下者而言。 道，即议礼、制度、考文之事。 征，是验。 三王，是夏禹、商汤、周文武。 谬，是差谬。 建，是建立。 悖，是违背。 质，是质证。 俟，是等待。 承上文说，制礼作乐，必有德、有位、有时，乃为尽善。 所以王天下的君子，行那议礼、制度、考文之事，非可苟然而已。 必本之于身，凡所制作，一一都躬行实践，从自己身上立个标准，固非有位而无德者也。 由是以之征验于庶民，则人人都奉行遵守，不敢违越，又非不信而不从者也。 以今日所行的，考验于三代之圣王，则因革损益都合着三王已然的成法，无有差谬。 以我所建立的，与天地相参，则裁成辅相，都依着天地自然的道理，无有违背。 鬼神虽至幽而难知，然我的制作已到那微妙的去处，就是质证于鬼神，他那屈伸变化，也不过是这道理，何疑之有？ 百世以后的圣人，虽至远而难料，然我的制作已至极而无以加，就等待后边的圣人出来，他那作为运用，也不过是这道理，何惑之有？

夫君子之道，出之既有其本，而验之又无不合，此所以尽善尽美，而能使民得寡其过也。

质诸鬼神而无疑，知天也。 百世以俟圣人而不惑，知人也。

解 承上文说，鬼神幽而难明，君子之制作所以能质之而无疑者，由其知天之理也。 盖天之理尽于鬼神，君子穷神知化，于天道所以然之理，既明通之而不蔽，故其见于制作者，皆有以合乎屈伸动静之机，鬼神虽幽，自可质之而无疑也。 言鬼神，则天地可知矣。 后圣远而难料，君子之制作，所以能俟之而不惑者，由其知人之理也。 盖人之理尽于圣人，君子明物察伦，于人心所同然之理，既洞彻之而无疑，故其见于制作者，自有以符乎旷世相感之神，后圣虽远，自可俟之而不惑也，言后圣则三王可知矣。

此可见，心思必通乎性命，才可以兴礼乐；学术必贯乎天人，才可以言经济，君子所以能此，亦自尊德性道问学中来也。有三重之责者，可不以务学为急哉？

是故君子动而世为天下道，行而世为天下法，言而世为天下则。远之则有望，近之则不厌。

解 动，是动作，兼下面行与言说。道，是由，兼下面法与则说。法，是法度。则，是准则。望，是仰慕。厌，是厌恶。子思说，君子议礼、制度、考文，既通乎天人之理，而兼有六事之善，则可以立天下万世之极矣。所以凡有动作，不但一世之人由之，而世世为天下之所共由。如动而见诸行事，则凡政教之施，都是经常不易的典章，世世的人皆守之以为法度，而不敢纷更。动而见于言语，则凡号令之布，都是明征定保的圣谟，世世的人皆取之以为准则，而不敢违悖。在远方的百姓，悦其德之广被，则人人向风慕义，都有仰望之心；在近处的百姓，习其行之有常，则人人欢欣鼓舞，无有厌恶之意。

是君子之道，垂之万世而无弊，推之四海而皆准者如此。民之寡过不亦宜乎！

《诗》曰："在彼无恶，在此无射。庶几夙夜，以永终誉。"君子未有不如此，而蚤有誉于天下者也。

解 《诗》，是《周颂·振鹭》之篇。恶，是憎恶。射，是厌射。夙，是早。永终，是长久的意思。誉，是名誉。蚤，是先。子思引《诗》说，人能在彼处也无人憎恶他，在此处也无人厌射他，彼此皆善，无往不宜，则庶几早夜之间，得以永终其美誉矣。 观《诗》所言，可见致誉之有本也。 是以三重君子，必备六事之善，而后可以得令名于天下，固未有道德不本于身，信从未协于民，三王后圣不能合，天地鬼神不能通，而能垂法则，服远近，先有声名于天下者也。 然则为人上者，岂可不自尽其道也哉？

右第二十九章。

第三十章

仲尼祖述尧舜，宪章文武，上律天时，下袭水土。

🔴 仲尼，是孔子的字。祖述，是远宗其道。宪章，是近守其法。律，是法。"袭"字，解做"因"字。子思说，古之帝天下者，其道莫盛于尧舜，仲尼则远而祖述其道，如博约之训，一贯之旨，都是从精一执中敷衍出来的，以接续其道统之传，这是"祖述尧舜"。古之王天下者，其法莫备于文、武，仲尼则近而谨守其法，如礼乐则从先进梦寐欲为东周，遵守着祖宗的成宪，不敢自用自专，这是"宪章文武"。至若春夏秋冬，运行而不滞者，天之时也。仲尼仰观于天，便法其自然之运，如曰仕、曰止、曰久、曰速，都随时变易，各当其可，这是"上律天时"。东西南北，殊风而异俗者，地之理也。仲尼俯察于地，便因其一定之理，如居鲁、居宋、之齐、之楚，都随寓而安，无所不宜，这是"下袭水土"。

辟如天地之无不持载，无不覆帱。辟如四时之错行，如日月之代明。

🔴 辟，是比喻。持载，是承载。覆帱（dào），是覆冒。错行，是错综而行。代，是代替。子思说，仲尼之祖述宪章，上律下袭，有以会帝王天地之全，则其于天下之理，巨细精粗，察之由之，无毫发之不尽，而自始至终，无顷刻之间断矣。自其大无不包者言之，就譬如那地之广博深厚"无不持载"，天之高大光明"无不覆帱"的一般。自其运而不息者言之，就譬如那"四时之错行"，一往一来，迭运而不已；"日月之代明"，一升一沉，更代而常明的一般。圣人之道德，直与天地参，而日月四时同如此。

万物并育而不相害，道并行而不相悖。小德川流，大德敦化，此天地之所以为大也。

解 育，是生育。害，是侵害。道，指日月四时而言，一阴一阳之谓道，四时日月之推迁流行，不过阴阳而已，所以叫做道。悖，是相反。小德，是天地造化之分散处。川流，是说如川水之流行。大德，是天地造化之总会处。敦，是厚。化，是化育。子思说，天覆地载，万物并生于其间，却似有相害者。然大以成大，小以成小，各得其所，而不相侵害焉。四时日月并行于天地之内，却似有相悖者，然一寒一暑，一昼一夜，各循其度而不相违背焉。夫同者难乎其异，而乃不害不悖者为何？盖天地有分散的小德，无物不有，无时不然，就如川水之流，千支万派，脉络分明而不见其止息，此其所以不害不悖也。异者难乎其同，而乃并育并行者为何？盖天地有总会的大德，为万物之根底，为万化之本原，但见其敦厚盛大，自然生化出来，无有穷尽，此其所以并育并行也。有小德以为用，有大德以为体，天地之所以为大者，正在于此。

今仲尼祖述宪章，上律下袭，其泛应曲当，即是小德之川流，其一理浑然，即是大德之教化，则圣道之所以为大，又何以异于天地哉？

右第三十章。

第三十一章

唯天下至圣，为能聪明睿知，足以有临也；宽裕温柔，足以有容也；发强刚毅，足以有执也；齐庄中正，足以有敬也；文理密察，足以有别也。

🔴 临，是居上临下。子思说，居上位而临下民，不是凡庸之人可以做得的，独有天下的至圣，他是天之笃生，时之间出，为能聪无不闻，明无不见，容无不通，智无不知，高过于一世之人，足以尊居上位，而临御天下也，其生知之质如此。以其德言之，为能宽广而不狭隘，优裕而不急迫，温和而不惨刻，柔顺而不乖戾，足以容蓄天下，而包含遍覆之无外，其仁之德如此。又能奋发而不废弛，强健而不畏缩，刚断而不屈挠，果毅而不间断，足以操守执持，而不为外物之所夺，其义之德如此。又能齐焉而极其纯一，庄焉而极其端严，中焉而无少偏倚，正焉而无少邪僻，于凡处己行事，皆足以有敬而无一毫之慢，其礼之德如此。又能文焉而章美内蕴，理焉而脉络中存，密焉而极其详细，察焉而极其明辨，于凡是非邪正，皆足以分别而无一毫之差，其智之德又如此。既独禀聪明睿知之资，而又兼备仁义礼智之德，所以为天下之至圣也。

溥博渊泉，而时出之。

🔴 溥博，是周遍而广阔。渊泉，是静深而有本。出，是发见于外。子思说，天下至圣，既有是聪明睿知之资，又兼仁义礼智之德，其充积之盛，则周遍广阔，备万物之理而不可限量，何溥博也；静深有本，涵万化之原而不可测度，何渊泉也。及其事至物来，有所感触的时节，则聪明睿知，仁义礼智之德，自然发见于外，随时应接而用之不穷焉。

盖体无不具，故用无不周如此。

溥博如天，渊泉如渊。见而民莫不敬，言而民莫不信，行而民莫不说。

🔴 渊，是水深处。子思又形容圣人之德说，凡物之溥博者，莫过于天，今圣德之溥博不可限量，就如天之溥博一般，盖非寻常之所谓溥博而已。物之渊泉者，莫过于渊，今圣德之渊泉不可测度，就如渊之渊泉一般，盖非寻常之所谓渊泉而已。由是时而著，见于容貌，则百姓每便都钦敬之，而无有亵慢者。时而发之于言语，则百姓每便都尊信之，而无有违碍者。时而措之于行事，则百姓每便都喜悦之，而无有怨恶者。

夫如天如渊，可见其充积之盛矣。民莫不敬信且说，可见其时出之妙矣。非至圣而能若是乎？

是以声名洋溢乎中国，施及蛮貊。舟车所至，人力所通，天之所覆，地之所载，日月所照，霜露所队。凡有血气者，莫不尊亲。故日，"配天"。

🔴 声名，是圣德的名声。洋溢，是充满。施，是传播。队（zhuì，同"坠"），是落。凡有血气者，指人类说。配，是配合。子思说，圣人之德，充积既极其盛，发见又当其可，是以休声美名，充满乎中华之国，而传播遍及乎蛮貊之邦，华夷之人，皆敬信而悦之焉。极而言之，凡水陆舟车之所可到，人力之所可通，天之所覆盖，地之所持载，日月之所照临，霜露之所坠落的去处，凡有血气而为人类者，一皆尊之为元后，而无有不敬者，亲之如父母，而无有不爱者。即此可见圣德之广大，就与天一般。

盖天之所以为大者，以其无所不覆也，今圣人之德，既光四表而格上下，则与天配合而无间矣，所以说配天。

右第三十一章。

第三十二章

唯天下至诚，为能经纶天下之大经，立天下之大本，知天地之化育。夫焉有所倚？

解 经纶，都是治丝的事。经，是理其绪而分之。纶，是比其类而合之。大经，是五品之人伦。大本，是所性之全体。化育，是天地所以化生万物的道理。倚，是倚靠。子思说，实理之在天下，散于人伦，原于性命，非可容易尽者，独有天下至诚的圣人，德极其突，而无一毫之私伪，故于君臣、父子、夫妇、兄弟、朋友之伦，为能各尽其道，分别其理而不乱，联合其性而不离，足以为天下后世之法，就如治丝的一般，既理其绪而分之，又比其类而合之，所以说经纶天下之大经，于所性中仁义理智之德，浑然全体，无少亏欠，而凡所以应事接物，千变万化而不穷者，其理莫不包括于其中，就如树木一般，根本牢固而不动，枝叶发生而不穷，所以说立天下之大本。至于天地之所以化生长育，只是元、亨、利、贞这四件实理，至诚之仁义礼智，既与之契合而无间，故能融会贯通，知之洞达而无疑，盖不但闻见之知而已。

夫经纶大经，立大本，知化育，这都是至诚自然之能事，不思而自得，不勉而自中者也，何尝倚着于物而后能哉？所以说"夫焉有所倚"。

肫肫其仁，渊渊其渊，浩浩其天。

解 肫肫，是恳至。渊渊，是静深。浩浩，是广大。上文说至诚之德，至此又极赞其盛说道，至诚，圣人之经纶，立本知化，既皆出于自然，则其德之盛，非可寻常论者也。自其经纶言之，则于人伦日用之间，一皆恩意之浃洽，慈爱之周流，何其肫肫然而恳至也。自其立本言之，则性真澄彻，而万里空涌，就与那渊泉不竭般，何其渊渊然而静深也。自其知化言之，则阴阳并运，而上下同流，就与那天之无穷一般，又何其浩浩然而广大也。

至诚之德，其至矣乎！

苟不固聪明圣知，达天德者，其孰能知之？

解 "固"字，解做"实"字。天德，指仁义礼智说。子思总结上文说，至诚之功用，其盛如此，则其妙未易知也。若不是实有聪明圣知之资，通达仁义礼智之天德的圣人，则见犹滞于凡近，而知不免于推测，其于所谓经纶立本而知化者，何足以知之哉？

此可见，惟圣人然后能知圣人也。

右第三十二章。

第三十三章

《诗》曰："衣锦尚䌹。"恶其文之著也。故君子之道，暗然而日章；小人之道，的然而日亡。君子之道，淡而不厌，简而文，温而理。知远之近，知风之自，知微之显，可与入德矣。

解 锦，是五采织成的衣服。尚，是加。䌹，是禅衣。暗然，是韬晦不露的意思。的然，是用意表见（xiàn）的意思。风，是动。凡人行事之得失，都足以感动乎人，所以叫做风。"自"字，解做"由"字。子思前章既说圣人德极其盛，又恐人务于高远而无近里著己之功，故此章复自下学立心之始而推之，以至其极说道，《国风》之诗有言，人穿了锦绣的衣服，外面却又加一件朴素的禅衣盖着，这是为何？盖以锦绣之衣，文采太露，故加以禅衣，乃是恶其文采之太著也，学者之立心，也要如此。所以君子之为学，专务为己，不求人知，外面虽暗然韬晦，然实德在中，自不能藏，而日见其章显。小人之为学，专事文饰，外面虽的然表见，然虚伪无实，久则不继，而日见其消亡矣。然所谓"暗然而日章"者如何？盖君子之道，外虽淡素，其中自有旨趣，味之而不厌，外若简略，其中自有文采，灿然而可观，外虽温厚浑沦，其中自有条理，井然而不乱。夫淡、简、温，就如䌹之袭于外的一般。不厌而文且理，就如锦之美在其中的一般，这是君子为己之心如此。然用功时节，又有当谨的去处，若使知之不明，则何所据以为用力之地乎？又要随时精察，知道远处传播的，必从近处发端，在彼之是非，由于在此之得失也。知道自己的行事能感人动物的，都有个缘由，吾身之得失，本于吾心之邪正也。又知道隐微的去处，必然到显著的去处，念虑既发于中，形迹必露于外也。这三件都是当谨之几，既知乎此，然后可以着实用功，循序渐进，而入于圣人之德矣。然则下学而上达者，可不以立心为要哉？

《诗》云："潜虽伏矣，亦孔之昭。"故君子内省不疚，无恶于志。君子之所不可及者，其唯人之所不见乎！

解 《诗》，是《小雅·正月》之篇。潜，是幽暗的去处。伏，是隐伏。"孔"字，解做"甚"字。疚，是病。无恶于志，是说无愧于心。子思引《诗》说，幽暗的去处虽是隐伏难见，然其善恶之几，甚是昭然明白。《诗》之所言如此，可见独之不可不谨也。是故君子于己所独知之地，内自省察，使念虑之动皆合乎理，而无一些疾病，方能无愧怍于心也。夫人皆能致饰于显著，而君子独严于隐微，即是而观，则君子之所不可及者，其在人所不见之地乎！若夫人之所见，则人皆能谨之，不独君子为然矣，这是说君子谨独之事，为己之功也。

《诗》云："相在尔室，尚不愧于屋漏。"故君子不动而敬，不言而信。

解 《诗》，是《大雅·抑》之篇。相，是看视。屋漏，是室西北隅深密的去处。子思引《诗》说，看尔在居室之中，虽屋漏深密的去处，莫说是未与物接，便可怠忽了，尚当常存敬畏，使心里无一些愧怍才好。诗人之言如此，可见静之不可不慎也。所以君子之心，不待有所动作，方才敬慎，便是不动的时节；已自敬慎了，不待言语既发，方才诚信，便是不言的时节，已自诚信了。这是戒慎不睹、恐惧不闻的工夫，君子为己之功，至是而益加密矣。

《诗》曰："奏假无言，时靡有争。"是故君子不赏而民劝，不怒而民威于铁钺。

解 《诗》，是《商颂·烈祖》之篇。奏，是进。"假"字，与"格"字同，是感格。"靡"字，解做"无"字。铁，是莝（cuò）斫刀。钺，是斧。子思又引《诗》说，主祭者进而感格于神明之际，极其诚敬，不待有所言说告戒。而凡在庙之人，亦皆化之，自无有争竞失礼者，此可见有是德则有是化矣。是故君子既能动而省察，又能静而存养，则诚敬之德足以感人，而人之被其德者，不待爵赏之及，而兴起感发，乐于为善，自切夫劝勉之意，不待嗔怒之加，而自然畏惧，不敢为恶，有甚于铁钺之威。

盖德成而民化，其效如此。是以君子惟密为己之功，以造于成德之地也。

《诗》曰："不显惟德，百辟其刑之！"是故君子笃恭而天下平。

解 《诗》，是《周颂·烈文》之篇。不显，是幽深玄远、无迹可见的意思。百辟，是天下的诸侯。刑，是法。笃，是厚。恭，是敬。子思说，君子不赏不怒，而民劝民威，其德虽足以化民，然犹未造其极也。《周颂·烈文》之诗说："天子有幽深玄远之德，无有形迹之可见，而天下的诸侯，人人向慕而法则之，则不特民劝民威而已。"所以，有德的君子由戒惧谨独之功，到那收敛退藏之密，其心纯然天理，念念是敬，时时是敬，但见其笃厚深潜，不可窥测，而天下的人，自然感慕其德，服从其化，不识不知，而翕然平治焉。这笃恭正是不显之德，天下平，即是"百辟刑之"，此中和位育之能事，圣神功化之极致也。

《诗》曰："予怀明德，不大声以色。"子曰："声色之于以化民，末也。"《诗》曰："德辖如毛。"毛犹有伦。"上天之载，无声无臭。"至矣。

解 这一节是子思三引《诗》，以形容不显笃恭之妙。予，是诗人托为上帝的言语。怀，是念。"辖"字，解做"轻"字。伦，是比方。载，是事。子思说，君子不显笃恭，而天下自平，则其德之微妙，岂易言哉？《大雅·皇矣》之诗说："上帝自言我眷念文王之明德，深微邃密，不大著于声音颜色之间。"这诗似可以形容不显之德矣。然孔子曾说："为政有本，若将声音颜色去化民，也不过是末务。"今但言不大而已，则犹有声色者存，岂足以形容之乎？《大雅·烝民》之诗说："德之微妙，其轻如毛。"这诗似可以形容不显之德矣。然毛虽微细，也还有物比方得他，亦岂足以形容之乎？惟《文王》之诗说："上天之事，无有声音之可听，无有气臭（xiù）之可闻。"夫声臭有气无形，比之色与毛，已是微妙了，而又皆谓之无，则天下之至微至妙，不见其迹，莫知其然者，无过于此。以此形容君子不显之德，才可谓至尽矣，不可以有加矣。子思既极其形容，而又赞叹其妙，以见君子之学，必如是而后为至也。其示人之意，何其切哉！大抵《中庸》一书，首言天命之性，是说道之大，原皆出于天。终言"上天之载"，是说君子之学，当达诸天，然必由戒慎恐惧之功，而后可以驯致于中和位育之极，尽为己慎独之事，而后可以渐进于不显笃恭之妙。可见尽人以合天，下学而上达，其要只是一敬而已。先儒说，敬者，圣学始终之要，读者不可不深察而体验也。

右第三十三章。

附

《四书集注直解》

序

康熙丁巳秋八月

昆山健庵徐乾学谨序

国家欲得明体达用之材，必先教人以穷理尽性之学，用是首以四子之书训天下。自六岁以上入小学，塾师即口授句读，俟其义理精熟，然后使之治六经。其通一经以上者，然后使之泛滥诸子百家言，及历代纪事编年，古今兴亡治乱所由，以开发其神智。其学之莫不有先后，而教之无不有本末，如是其不可紊也。

然尤虑读四子书者，家自为说，人自为论笺疏训诂，庞然杂出饾饤者，始仅得其郛廓掎摭者，终或入于踳驳，浸淫渐染，又大违圣贤设教之初心。不得已，悬宋儒朱紫阳注以示之。鹄曰："凡读四子书者，必遵朱注，有不遵朱注者，其人为怪民，则其书即为邪说。"是议一定，于是上之矩矱齐，而下之志气一。三尺童子守一先生家言者，亦斤斤律度之内而莫敢逾。

故明张太岳先生在万历初年，以强相辅冲主，诸所措注，一切烂然。虽其后揽权嗜势，颇为后人所訾謷，然事迹固不可掩，当其为讲官，著《四书直解》一书进呈，句栉字比，明白晓畅，盖《朱注》以翼《四书》，《直解》又所以翼《注》。《直解》出，而《朱注》之义益彰明较著于天下，故是书之为功于后世固甚宏，自后经生家濡首帖括，以经义觊仕进平恒，于大全性理诸书间，亦常稍涉猎之。一语以江陵《直解》，则走而匿笑不置，曰："是兔园老生所奉为秘册者也，是童蒙之烂本，学究之唾余，向固得之鼠穿虫啮之余者也，而吾乌用是。"布帛菽粟者为夫所谓布帛菽粟者，有过于四子之书乎哉？以布帛菽粟为不足道，无惑乎其偭型背矩，灭裂彝教，荡然放轶而不知耻也。则《四书集注直解》之刻，断断乎其不可以已也。是书之刻，先标举《四书章句》，以为纲，次《朱注》，又次《直解》。别疆分理，部次井然。仍排缉顾麟士先生《说约》原文，以细字纂注其上，学者探源竟委，纲举目张，由觕以求其精，因其易简，以尽其繁赜，于以造圣贤之域也，庶几其不远乎？余乐其有裨于世道不浅也，故为序而锓之。

大遠聖賢設教之初莫敢踰故明張太岳先生在萬曆初年以疆相輔冲主諸所措注一切爛然雖其後攬權嗜勢頗為後人所訾警然事蹟固不可掩當其為講官著四書直解一書進呈句櫛字比明白曉暢蓋朱註以翼四書直解又所以翼註直解心不得已懸宋儒朱紫陽註以示之鵠曰凡讀四子書者必遵朱註有不遵朱註者其人為怪民則其書即為邪說是議一定於是上之矩矱齊而下之志氣一三尺童子守一先生家言者亦斤斤律度之內而

四書集註直解序

國家欲得明體達用

之材必先教人以窮

理盡性之學用是首

以四子之書訓天下

自六歲以上入小學

塾師即口授句讀俟

其義理精熟然後使

之治六經其通一經

以上者後使之沉濫

諸子百家言及歷代

紀事編年古今典亡

治亂所由以開發其

神智其學之莫不有

先後而教之無不有

本末如是其不可紊

也然猶慮讀四子書

者家自為說人自為

論箋疏訓詁麗然雜

出餖飣者始僅得其

郭廓捃摭者終或入

於蹖駁浸淫漸染又

牘於以造聖賢之域
也庶幾其不遠乎余
布帛菽粟者爲夫所
謂布帛菽粟者有過
於四子之書乎哉以
布帛菽粟爲不足道
無惑乎其僩型背矩
滅裂彝敎蕩然放軼
而不知恥也則四書
集註直解之刻斷斷
乎其不可以已也是

書之刻先標舉四書
樂其有裨於世道不
淺也故爲序而鋟之
康熙丁巳秋八月崑
山健菴徐乾學謹序

出而朱註之義益彰
明較著於天下故是
書之爲功於後世固
甚宏自後經生家濡
首帖括以經義覬仕
進平怕於大全性理
諸書間亦常稍涉獵
之一語以江陵直解
則走而匿笑不置曰
是兔園老生所奉爲
祕冊者也是童蒙之

爛本學究之唾餘嚮
固得之鼠穿蟲囓之
餘者也而吾烏用是
章句以爲綱次朱註
又次直解別疆分理
部次井然仍排緝顧
麟士先生說約原文
以細字篆註其上學
者探源竟委綱舉目
張由其犏以求其精
因其易簡以盡其繁

偏之謂中不易之謂庸中者

天下之正道庸者天下之定

理此篇乃孔門傳授心法子

思恐其久而差也故筆之於

書以授孟子其書始言一理

中散為萬事末復合為一理

放之則彌六合卷之則退藏

於密其味無窮皆實學也善

讀者玩索而有得焉則終身

用之有不能盡者矣

天命之謂性率性之謂道脩道

之謂教道也者不可須臾離也

可離非道也是故君子戒慎乎

中庸 全

明·姜立綱 書

中庸章句

中者不偏不倚無過不及之
名庸平常也○子程子曰不

善楊氏所謂一篇之體要

是也其下十章蓋子思引

夫子之言以終此章之義

人之中庸也小人而無忌憚也

君子之中庸也君子而時中小

仲尼曰君子中庸小人反中庸

右第二章○此下十章皆

論中庸以釋首章之義文

雖不屬而意實相承也變

和言庸者游氏曰以性情

言之則曰中和以德行言

之則曰中庸是也然中庸

之中實兼中和之義

其所不睹恐懼乎其所不聞莫
見乎隱莫顯乎微故君子慎其
獨也喜怒哀樂之未發謂之中
發而皆中節謂之和中也者天
下之大本也和也者天下之達
道也致中和天地位焉萬物育
焉

右第一章子思述所傳之
意以立言首明道之本原
出於天而不可易其實體
備於己而不可離次言存
養省察之要終言聖神功
化之極蓋欲學者於此反

端用其中於民其斯以為舜乎

右第六章

子曰人皆曰予知驅而納諸罟
擭陷阱之中而莫之知辟也人
皆曰予知擇乎中庸而不能期
月守也

右第七章 ○承上章大知
而言又舉不明之端以起
下章也

子曰回之為人也擇乎中庸得
一善則拳拳服膺而弗失之矣

右第八章

子曰天下國家可均也爵祿可

子曰中庸其至矣乎民鮮能久矣。

　　右第三章。

子曰道之不行也我知之矣知者過之愚者不及也道之不明也我知之矣賢者過之不肖者不及也人莫不飲食也鮮能知味也。

　　右第四章。

子曰道其不行矣夫。

　　右第五章○此章承上章而舉其不行之端以起下章之意。

而廢吾弗能已矣君子依乎中
庸遯世不見知而不悔唯聖者
能之

右第十一章○子思所引
夫子之言以明首章之義
者止此蓋此篇大旨以知
仁勇三達德為入道之門
故於篇首即以大舜顏淵
子路之事明之舜知也顏
淵仁也子路勇也三者廢
其一則無以造道而成德
矣餘見第二十章

君子之道費而隱夫婦之愚可

也白刃可蹈也中庸不可能

也

右第九章○亦承上章以
起下章

子路問強子曰南方之強與北
方之強與抑而強與寬柔以教
不報無道南方之強也君子居
之社金革死而不厭北方之強
也而強者居之故君子和而不
流強哉矯中立而不倚強哉矯
國有道不變塞焉強哉矯國無
道至死不變強哉矯

右第十章

其則不遠執柯以伐柯睨而視

之猶以為遠故君子以人治人

改而止忠恕違道不遠施諸己

而不願亦勿施於人君子之道

四丘未能一焉所求乎子以事

父未能也所求乎臣以事君未

能也所求乎弟以事兄未能也

所求乎朋友先施之未能也庸

德之行庸言之謹有所不足不

敢不勉有餘不敢盡言顧行行

顧言君子胡不慥慥爾

右第十三章　○道不遠人

者夫婦所能丘未能一者

以與知焉及其至也雖聖人亦
有所不知焉夫婦之不肖可以
能行焉及其至也雖聖人亦有
所不能焉天地之大也人猶有
所憾故君子語大天下莫能載
焉語小天下莫能破焉詩云鳶
飛戾天魚躍于淵言其上下察
也君子之道造端乎夫婦及其
至也察乎天地

右第十二章○子思之言
盖以申明首章道不可離
之意也其下八章雜引孔
子之言以明之

君子之道辟如行遠必自邇辟

如登高必自卑詩曰妻子好合

如鼓瑟琴兄弟既翕和樂且耽

宜爾室家樂爾妻帑子曰父母

其順矣乎

右第十五章

子曰鬼神之為德其盛矣乎視

之而弗見聽之而弗聞體物而

不可遺使天下之人齊明盛服

以承祭祀洋洋乎如在其上如

在其左右詩曰神之格思不可

度思矧可射思夫微之顯誠之

此

聖人所不能皆費也而其
所以然者則至隱存焉下
章放此

君子素其位而行不願乎其外
素富貴行乎富貴素貧賤行乎
貧賤素夷狄行乎夷狄素患難
行乎患難君子無入而不自得
焉在上位不陵下在下位不援
上正己而不求於人則無怨上
不怨天下不尤人故君子居易
以俟命小人行險以徼幸子曰
射有似乎君子失諸正鵠反求
諸其身

故大德者必受命

右第十七章○此由庸行
之常推之以極其至見道
之用廣也而其所以然者
則為體微矣後二章亦此
意

子曰無憂者其惟文王乎以王
季為父以武王為子父作之子
述之武王纘大王王季文王之
緒壹戎衣而有天下身不失天
下之顯名尊為天子富有四海
之內宗廟饗之子孫保之武王
末受命周公成文武之德追王

不可揜如此夫

右第十六章○不見不聞

隱也體物如在則亦費矣

此前三章以其費之小者

而言此後三章以其費之

大者而言此一章兼費隱

包大小而言

子曰舜其大孝也與德為聖人

尊為天子富有四海之內宗廟

饗之子孫保之故大德必得其

位必得其祿必得其名必得其

壽故天之生物必因其材而篤

焉故栽者培之傾者覆之詩曰

齒也踐其位行其禮奏其樂敬
其所尊愛其所親事死如事生
事亡如事存孝之至也郊社之
禮所以事上帝也宗廟之禮所
以祀乎其先也明乎郊社之禮
禘嘗之義治國其如示諸掌乎

右第十九章

哀公問政子曰文武之政布在
方策其人存則其政舉其人亡
則其政息人道敏政地道敏樹
夫政也者蒲盧也故為政在人
取人以身脩身以道脩道以仁
仁者人也親親為大義者宜也

大王王季上祀先公以天子之
禮斯禮也達乎諸侯大夫及士
庶人父為大夫子為士葬以大
夫祭以士父為士子為大夫葬
以士祭以大夫期之喪達乎大
夫三年之喪達乎天子父母之
喪無貴賤一也

　　右第十八章

子曰武王周公其達孝矣乎夫
孝者善繼人之志善述人之事
者也春秋脩其祖廟陳其宗器
設其裳衣薦其時食宗廟之禮
所以序昭穆也序爵所以辨貴

乎勇知斯三者則知所以脩身

知所以脩身則知所以治人知

所以治人則知所以治天下國

家矣凡為天下國家有九經曰

脩身也尊賢也親親也敬大臣

也體羣臣也子庶民也來百工

也柔遠人也懷諸侯也脩身則

道立尊賢則不惑親親則諸父

昆弟不怨敬大臣則不眩體羣

臣則士之報禮重子庶民則百

姓勸來百工則財用足柔遠人

則四方歸之懷諸侯則天下畏

之齊明盛服非禮不動所以脩

尊賢為大親親之殺尊賢之等
禮所生也在下位不獲乎上民
不可得而治矣故君子不可以
不脩身思脩身不可以不事親
思事親不可以不知人思知人
不可以不知天天下之達道五
所以行之者三曰君臣也父子
也夫婦也昆弟也朋友之交也
五者天下之達道也知仁勇三
者天下之達德也所以行之者
一也或生而知之或學而知之
或困而知之及其知之一也或
安而行之或利而行之或勉強

乎上有道不信乎朋友不獲乎
上矣信乎朋友有道不順乎親
不信乎朋友矣順乎親有道反
諸身不誠不順乎親矣誠身有
道不明乎善不誠乎身矣誠者
天之道也誠之者人之道也誠
者不勉而中不思而得從容中
道聖人也誠之者擇善而固執
之者也博學之審問之慎思之
明辨之篤行之有弗學學之弗
能弗措也有弗問問之弗知弗
措也有弗思思之弗得弗措也
有弗辨辨之弗明弗措也有弗

身也去讒遠色賤貨而貴德所
以勸賢也尊其位重其祿同其
好惡所以勸親親也官盛任使
所以勸大臣也忠信重祿所以
勸士也時使薄斂所以勸百姓
也日省月試既稟稱事所以勸
百工也送往迎來嘉善而矜不
能所以柔遠人也繼絕世舉廢
國治亂持危朝聘以時厚往而
薄來所以懷諸侯也凡為天下
國家有九經所以行之者一也
凡事豫則立不豫則廢言前定
則不跲事前定則不困行前定

古其一行以子曰ュ答醫

今無此問辭而猶有子曰

二字蓋子思刪其繁文以

附于篇而所刪有不盡者

今當為衍文也博學之以

下家語無之意彼有闕文

抑此或子思所補也歟

自誠明謂之性自明誠謂之教

誠則明矣明則誠矣

右第二十一章○子思承

上章夫子天道人道之意

而立言也自此以下十二

章皆子思之言以反覆推

明此章之意

行行之弗篤弗措也人一能之
己百之人十能之己千之果能
此道矣雖愚必明雖柔必強

右第二十章○此引孔子
之言以繼大舜文武周公
之緒明其所傳之一致舉
而措之亦猶是爾蓋包費
隱兼小大以終十二章之
意章內語誠始詳而所謂
誠者實此篇之樞紐也又
按孔子家語亦載此章而
其文尤詳成功一也之下
有公曰子之言美矣至矣

見乎蓍龜動乎四體禍福將至

善必先知之不善必先知之故

至誠如神

右第二十四章○言天道
也

誠者自成也而道自道也誠者

物之終始不誠無物是故君子

誠之為貴誠者非自成己而已

也所以成物也成己仁也成物

知也性之德也合內外之道也

故時措之宜也

右第二十五章○言人道
也

唯天下至誠為能盡其性能盡
其性則能盡人之性能盡人之
性則能盡物之性能盡物之性
則可以贊天地之化育可以贊
天地之化育則可以與天地參
矣

右第二十二章〇言天道
也

其次致曲曲能有誠誠則形形
則著著則明明則動動則變變
則化唯天下至誠為能化

右第二十三章〇言人道
也

居之寶藏興焉今夫水一勺之
多及其不測黿鼉蛟龍魚鼈生
焉貨財殖焉詩云維天之命於
穆不已蓋曰天之所以為天也
於乎不顯文王之德之純蓋曰
文王之所以為文也純亦不已
右第二十六章○言天道
也

大哉聖人之道洋洋乎發育萬
物峻極于天優優大哉禮儀三
百威儀三千待其人而後行故
曰苟不至德至道不凝焉故君
子尊德性而道問學致廣大而

故至誠無息不息則久久則徵

徵則悠遠悠遠則博厚博厚則

高明博厚所以載物也高明所

以覆物也悠久所以成物也博

厚配地高明配天悠久無疆如

此者不見而章不動而變無為

而成天地之道可一言而盡也

其為物不貳則其生物不測天

地之道博也厚也高也明也悠

也久也今夫天斯昭昭之多及

其無窮也日月星辰繫焉萬物

覆焉今夫地一撮土之多及其

廣厚載華嶽而不重振河海而

不洩萬物載焉今夫山一卷石

吾無其位亦不敢作禮樂焉子

曰吾說夏禮杞不足徵也吾學

殷禮有宋存焉吾學周禮今用

之吾從周

右第二十八章○承上章

為下不倍而言亦人道也

王天下有三重焉其寡過矣乎

上焉者雖善無徵無徵不信不

信民弗從下焉者雖善不尊不

尊不信民弗從故君子之

道本諸身徵諸庶民考諸三王

而不謬建諸天地而不悖質諸

鬼神而無疑百世以俟聖人而

不惑質諸鬼神而無疑知天也

盡精微極高明而道中庸溫故
而知新敦厚以崇禮是故居上
不驕為下不倍國有道其言足
以興國無道其默足以容詩曰
既明且哲以保其身其此之謂
與

子曰愚而好自用賤而好自專
生乎今之世反古之道如此者
烖及其身者也非天子不議禮
不制度不考文今天下車同軌
書同文行同倫雖有其位苟無
其德不敢作禮樂焉雖有其德

德川流大德享仁此天地之所

以為大也。

右第三十章〇言天道也。

唯天下至聖為能聰明睿知足

以有臨也寬裕温柔足以有容

也發强剛毅足以有執也齊莊

中正足以有敬也文理密察足

以有別也溥博淵泉而時出之

溥博如天淵泉如淵見而民莫

不敬言而民莫不信行而民莫

不說是以聲名洋溢乎中國施

及蠻貊舟車所至人力所通天

之所覆地之所載日月所照霜

露所隊凡有血氣者莫不尊親

百世以俟聖人而不惑知人也。

是故君子動而世為天下道行

而世為天下法言而世為天下

則遠之則有望近之則不厭詩

曰在彼無惡在此無射庶幾夙

夜以永終譽君子未有不如此

而蚤有譽於天下者也。

右第二十九章 ○承上章

居上不驕而言亦人道也。

仲尼祖述堯舜憲章文武上律

天時下襲水土辟如天地之無

不持載無不覆幬辟如四時之

錯行如日月之代明萬物並育

而不相害道並行而不相悖小

非至誠不能為貝亦非二
物矣此篇言聖人天道之
極致至此而無以加矣
詩曰衣錦尚絅惡其文之著也
故君子之道闇然而日章小人
之道的然而日亡君子之道淡
而不厭簡而文溫而理知遠之
近知風之自知微之顯可與入
德矣詩云潛雖伏矣亦孔之昭
故君子內省不疚無惡於志君
子之所不可及者其唯人之所
不見乎詩云相在爾室尚不愧
于屋漏故君子不動而敬不言
而信詩曰奏假無言時靡有爭

故曰配天。

右第三十一章〇承上章
而言小德之川流亦天道
也。

唯天下至誠為能経綸天下之
大経立天下之大本知天地之
化育夫焉有所倚肫肫其仁淵
淵其淵浩浩其天苟不固聰明
聖知達天德者其孰能知之

右第三十二章〇承上章
而言大德之敦化亦天道
也前章言至聖之德此章
言至誠之道然至誠之道
非至聖天其口○知之

其反復丁寧示人之意至

深切矣學者其可不盡心

乎

中庸章句終

是故君子不賞而民勸不怒而
民威於鈇鉞詩曰不顯惟德百
辟其刑之是故君子篤恭而天
下平詩云予懷明德不大聲以
色子曰聲色之於以化民末也
詩云德輶如毛毛猶有倫上天
之載無聲無臭至矣

右第三十三章○子思因
前章極致之言反求其本
復自下學為己謹獨之事
推而言之以馴致乎篤恭
而天下平之盛又贊其妙
至於無聲無臭而後已焉
蓋舉一篇之要而約言之

明·仇英《帝王道统万年图·周文王》：旧邦新命，王政何先。咸和罔间，毋俾颠连。

明·仇英《帝王道统万年图·周武王》：洛龟呈瑞，箕子衍畴。建子皇极，屈己前修。

明·仇英《帝王道统万年图·周成王》：凭周与召，相阳协阴。数逾卜兆，本固源深。

明·仇英《帝王道统万年图·汉高祖》：扫除秦楚，绍述陶唐。崇儒阙里，文武永昌。

明·仇英《帝王道统万年图·汉文帝》：三推千亩，先民以劝。海内富广，陈陈相因。

明·仇英《帝王道统万年图·汉武帝》：政平讼理，治重循良。为民崇德，赤伏增光。

明·仇英《帝王道统万年图·汉明帝》：休征滋至，鼓舞戎羌。东京令主，谦让靡遑。

明·仇英《帝王道统万年图·宋太祖》：经传至要，用感人心。临雍听讲，左衽青衿。

明·仇英《帝王道统万年图·宋仁宗》：无为守正，洞达易知。帝王之学，莫不由之。

明·仇英《帝王道统万年图·宋神宗》：无逸乃逸，洋洋圣谟。屏书左右，惟怀永图。